# Seminar on the Acquisition of Latin American Library Materials

## Bibliography and Reference Series, 37

**Sharon A. Moynahan**
*Executive Secretary*

**Barbara G. Valk**
*Chair, Editorial Board*

# Serial Publications Available by Exchange

# Spanish South America

Compiled and edited by

Gabriela Sonntag

SALALM Secretariat
General Library, University of New Mexico
Albuquerque, New Mexico

## SALALM Sponsoring Member libraries

University of California, Los Angeles
Columbia University
Cornell University
Harvard University
University of Illinois at Urbana-Champaign
University of New Mexico
New York Public Library
Princeton University
University of Southern California
Stanford University
University of Texas at Austin
Yale University

The publication of this volume
was made possible in part
through the support of the

**Latin American Institute
University of New Mexico**

# CONTENTS

# PREFACE

This publication is the third in a series aimed at providing libraries with up-to-date lists of institutions in Latin America currently participating in programs focused on exchanging publications. The first list included institutions in Mexico and Central America, the second on countries in the Caribbean. Plans are underway for a list of Brazilian institutions. These publications are compiled with the goal of assisting those wishing to acquire materials through exchange agreements. Knowing the names of the institutions and the type of materials they make available through exchange can help in this process. These mutually beneficial programs are at times the only method of acquiring certain publications.

The current list focuses on institutions in Spanish South America. It provides the institution name and address and the title of the serial publications available for exchange from that institution. The OCLC number for those publications has also been provided to assist in the identification of the publication. The list is arranged alphabetically by country and within each country alphabetically by institutional name. It is our aim to continue to receive and make available information on the exchange opportunities in this area.

The Caribbean list was a cooperative effort begun by Shelley Miller as Chair of the Gifts and Exchanges Subcommittee of SALALM I agreed to take up where she left off as I knew I would receive the help of many members of SALALM. The list grew from an initial 430 entries to over 1090 thanks to the input received from the University of California, Berkeley; Duke University, University of New Mexico, University of Florida, Gainesville; Tulane, and the University of Texas, Austin. I would especially like to thank Terry Peet for his tireless assistance and good cheer. This list is another example of the cooperative spirit of SALALM.

Gabriela Sonntag
San Marcos, California

| INSTITUTION AND ADDRESS | PUBLICATIONS AND OCLC NO. | |
|---|---|---|
| Academia Argentina de Letras | Boletín de la Academia Argentina | |
| Biblioteca | de Letras | 1888273 |
| | Acuerdos acerca del idioma | |
| Sánchez de Bustamante, 2663 | | |
| | | 7910331 |
| 1425 Buenos Aires    ARGENTINA | | |
| Academia Nacional de Bellas Artes | Anuario de la Academia Nacional de Bellas | |
| | Artes | 2829986 |
| Sanchez de Bustamante 2663   2 piso | | |
| 1425 Buenos Aires    ARGENTINA | | |
| Academia Nacional de Ciencias | Boletin de la Academia Nacional de Ciencias | |
| | | 2444268 |
| Casilla de Correo 36 | Miscelanea | |
| | | 2444269 |
| 5000  Cordoba    ARGENTINA | | |
| Academia Nacional de Ciencias de Buenos Aires | Anales de la Academia Nacional de | |
| Biblioteca | Ciencias de Buenos Aires | 1857021 |
| Av. Alvear 1711 - piso 3 | Darwiniana : Revista del Instituto | |
| | de Botánica Darwinion | 1608938 |
| 1014 Buenos Aires    ARGENTINA | | |
| Academia Nacional de Ciencias de Buenos Aires | Escritos de filosofía | |
| Biblioteca | | 20582414 |
| Av. Alvear 1711 - piso 3 | | |
| 1014 Buenos Aires    ARGENTINA | | |
| Academia Nacional de Ciencias  Económicas | Anales de la Academia Nacional de | |
| | Ciencias Económicas | 16080680 |
| Av. Alvear 1790 | | |
| 1014 Buenos Aires    ARGENTINA | | |

INSTITUTION AND ADDRESS                    PUBLICATIONS AND OCLC NO.

| INSTITUTION AND ADDRESS | PUBLICATIONS AND OCLC NO. | |
|---|---|---|
| Academia Nacional de Ciencias Exactas, Físicas y Naturales | Anales de la Acad. Nacional de Ciencias Exactas, Fisicas y Naturales | 3680944 |
| Av. Alvear 1711 - Piso 4 | Memoria | |
| 1014 Buenos Aires ARGENTINA | | |
| Academia Nacional de Ciencias Morales y Políticas | Anales | |
| Avda. Alvear 1711 P.B. | | |
| 1014 Buenos Aires ARGENTINA | | |
| Academia Nacional de Derecho y Ciéncias Sociales de Cordoba - Biblioteca | Cuadernos de historia (Córdoba, Argentina) | 28467138 |
| Artigas 74 | Cuaderno de federalismo ( Instituto de Federalismo) | 19737741 |
| 5000 Cordoba ARGENTINA | | |
| Academia Nacional de Geografía | Anales | |
| Avda. Alvear 1711 piso 3 | | |
| 1014 Buenos Aires ARGENTINA | | |
| Academia Nacional de la Historia Biblioteca | Investigaciones y ensayos | 2158194 |
| Balcarce 139 FAX:541-343-4633 1064 Buenos Aires ARGENTINA | | |
| Academia Nacional de la Historia Biblioteca | Boletin de la Academia Nacional de la Historia | 8759950 |
| Balcarce 139 FAX: 541-343-4633 1064 Buenos Aires ARGENTINA | | |

| INSTITUTION AND ADDRESS | PUBLICATIONS AND OCLC NO. |
|---|---|
| Academia Nacional de la Historia<br>Biblioteca<br><br>Balcarce 139<br>FAX: 541-343-4633<br>1064 Buenos Aires ARGENTINA | Colección de historia económica y social<br>6344003<br><br>Colección del Quinto Centenario del<br>Descubrimiento de América 22338029 |
| Academia Nacional de Medicina<br><br>Las Heras 3092<br><br>1425 Buenos Aires ARGENTINA | Boletín de la Academia Nacional de<br>Medicina 4848305 |
| Administración Nacional de Aduanas<br><br>Azopardo 350<br><br>1107 Buenos Aires ARGENTINA | Boletín |
| Agua y Energía Eléctrica<br>Biblioteca<br><br>Lavalle 1554 piso 2<br><br>1325 Buenos Aires ARGENTINA | Memoria y balance general<br>1657274 |
| ALUAR / Aluminio Argentino<br><br>Maipú 241, 3 piso<br><br>1084 Buenos Aires ARGENTINA | Memoria y balance general<br>13744550 |
| ARBÓ<br>Publicaciones Técnicas<br><br>Av. Martin Garcia, 653<br><br>1268 Buenos Aires ARGENTINA | Revista telegráfica electrónica<br>7389024 |

| INSTITUTION AND ADDRESS | PUBLICATIONS AND OCLC NO. |
|---|---|
| Archivo General de la Nácion | Revista del Archivo General |
| | 1737747 |
| Av. Leandro N. Alem, 250 | |
| 1003 Buenos Aires          ARGENTINA | |
| Archivo Histórico de Mendoza | Serie auxiliares descriptivos |
| Subsecretaría de Cultura | |
| Monecaseros 1480 | Serie investigaciones |
| | 23955865 |
| 5500 Mendoza          ARGENTINA | |
| Argen Group | Biblioteca  (Argen Group) |
| | 30986479 |
| Carlos Pellegrini 1055, piso 14 | |
| FAX: 541-313-4403 | |
| 1009 Buenos Aires          ARGENTINA | |
| Argentinisches Tageblatt | Argentinisches Tageblatt |
| | 28916591 |
| 25 de mayo 626 | |
| Buenos Aires          ARGENTINA | |
| Armada Argentina | Almanaque naútico y aeronaútico |
| Biblioteca Central | 6396636 |
| Edificio Libertad - Piso 3, Av. Comodoro Py 2055 | |
| 1104 Buenos Aires          ARGENTINA | |
| Armada Argentina | Revista de publicaciones navales |
| Biblioteca Central | 1798434 |
| Edificio Libertad - Piso 3, Av. Comodoro Py 2055 | Revista de la Escuela de Guerra Naval |
| | 17868840 |
| 1104 Buenos Aires          ARGENTINA | |

| INSTITUTION AND ADDRESS | PUBLICATIONS AND OCLC NO. | |
|---|---|---|
| Armada Argentina<br>Biblioteca Central | Revista del mar | 7222211 |
| Edificio Libertad - Piso 3, Av. Comodoro Py 2055 | Desembarco | 20589453 |
| 1104 Buenos Aires　　　ARGENTINA | | |
| Armada Argentina<br>Biblioteca Central  Div Canje, Donaciones y Rel.<br>Públicas<br>Sucursal 50 | Boletín estadístico minero metalúrgico | |
| Buenos Aires　　　ARGENTINA | | |
| Asociación "Amigos de la Historia" | Nuestra historia | 2617160 |
| Rivadavia 8888 | | |
| 1407 Buenos Aires　　　ARGENTINA | | |
| Asociación Argentina Amigos de la<br>　Astronomía | Revista astronómica | 5521432 |
| Av. Patricias Argentina 550 | | |
| 1405 Buenos Aires　　　ARGENTINA | | |
| Asociación Argentina de Estudios<br>　Clásicos | Argos | 4040859 |
| Beruti 3199 - Piso 4 | | |
| 1425 Buenos Aires　　　ARGENTINA | | |
| Asociación Argentina de Geofísicos y<br>Geodestas | Geoacta (Buenos Aires, Argentina) | 14262138 |
| Casilla de Correo 106, Sucursal 28 | | |
| 1428 Buenos Aires　　　ARGENTINA | | |

| INSTITUTION AND ADDRESS | PUBLICATIONS AND OCLC NO. | |
|---|---|---|
| Asociación Argentina de Ingeniería Sanitária y Ciencias del Ambiente<br><br>Montevideo 373 piso 11<br><br>1019 Buenos Aires ARGENTINA | Ingeniería sanitária y ambiental en Argentina | 28839068 |
| Asociación Argentina de Investigaciones Eticas<br><br>Tte. Gral. Juan D. Perón 2395, Piso 3º, Oficina "G"<br><br>1040 Capital Federal ARGENTINA | Cuadernos de ética | 15201212 |
| Asociación Argentina de Micología Dirección - Redacción<br><br>Juncal 3475 - 4º"C"<br><br>1425- Buenos Aires ARGENTINA | Revista Argentina de micología | 27150835 |
| Asociación Argentina de Mujeres en Filosofía Sección Canje<br><br>Nazca 3330<br><br>1417 Buenos Aires ARGENTINA | Hiparquia | 20322721 |
| Asociación Argentina de Químicos y Coloristas Textiles<br><br>Bulnes 1425<br><br>1176 Buenos Aires ARGENTINA | Galaxia | 11110203 |
| Asociación Argentina de Usuarios de la Informática<br><br>Rincón 326<br><br>1081 Buenos Aires ARGENTINA | Anales usuaria | |

| INSTITUTION AND ADDRESS | PUBLICATIONS AND OCLC NO. |
|---|---|
| Asociación de Bancos Argentinos | Memoria anual |
| | 27742638 |
| San Martin 229 piso 10 | |
| 1004 Buenos Aires        ARGENTINA | |
| Asociación de Estudios Filosóficos (ADEF) | Revista de filosofía |
| | 18001902 |
| Casilla de Correo 1777,   C orreo Central | |
| 1000 Buenos Aires        ARGENTINA | |
| Asociación de Fabricantes de Cemento Portland | Anuario |
| San Martin 1137 | |
| 1004 Buenos Aires        ARGENTINA | |
| Asociación de Filosofía Latinoamericana y Ciencias | Revista de filosofía latinoamericana y ciencias sociales |
| | 14215983 |
| Pinchincha 364  2 piso A | |
| 1082 Buenos Aires        ARGENTINA | |
| Asociación de Graduados en Ciencias de la Educación | Revista Argentina de educación |
| Mejico 871 9 piso  Of. 36 y 37 | |
| 1097 Capital Federal        ARGENTINA | |
| Asociación de Importadores y Exportadores de la Argentina | Informe de coyuntura |
| | 18353147 |
| Avda. Belgrano 124, piso 1 | |
| 1092 Buenos Aires        ARGENTINA | |

| INSTITUTION AND ADDRESS | PUBLICATIONS AND OCLC NO. | |
|---|---|---|
| Asociación de Industriales Metalúrgicos de la República Argentina | Informe de coyuntura | 31055711 |
| Alsina 1607 | Memoria y balance | 4556816 |
| 1088 Buenos Aires          ARGENTINA | | |
| Asociación Literaria Nosotras | Anuario | 30769453 |
| Rioja 1052 (Club Español) | | |
| 2000 Rosario          ARGENTINA | | |
| Asociación Ornitológica del Plata | Nuestras aves: Boletín de la Asociación Ornitológica del Plata | 23819370 |
| 25 de Mayo 749 - Piso 2 | El Hornero: Revista Argentina de Ornitología | 1586333 |
| 1002 Buenos Aires          ARGENTINA | | |
| Asociación Química Argentina | Industria y química: Revista de la Asociación Química Argentina | 6665690 |
| Sánchez de Bustamente 1749 | | |
| 1425 Buenos Aires          ARGENTINA | | |
| Banco Central de la República Argentina Biblioteca | Boletin estadístico | 18373214 |
| San Martin 216, 1 piso | Memoria anual | 2336274 |
| 1004 Buenos Aires          ARGENTINA | | |
| Banco Central de la República Argentina Biblioteca | Ensayos económicos | 3930156 |
| San Martin 216, 1 piso | | |
| 1004 Buenos Aires          ARGENTINA | | |

| INSTITUTION AND ADDRESS | PUBLICATIONS AND OCLC NO. | |
|---|---|---|
| Banco de la Nación Argentina<br>Biblioteca Manuel Belgrano<br><br>Bartolomé Mitre 326, Piso 1, Oficina 124<br><br>1036 Buenos Aires    ARGENTINA | Memoria y balance general | |
| Banco de la Provincia de Córdoba<br>Biblioteca<br><br>San Jerónimo 166<br><br>5000 Córdoba    ARGENTINA | Memoria anual y balance general<br><br>Revista de economía | 21833442<br><br>6309650 |
| Banco Interamericano de Desarrollo<br>Instituto Para la Integración de América Latina<br><br>Casilla de Correos 39, Sucursal 1<br><br>1401 Buenos Aires    ARGENTINA | Estudios<br><br>Integración latinoamericana | 2648975 |
| Banco Interamericano de Desarrollo<br>Instituto Para la Integración de América Latina<br><br>Casilla de Correos 39, Sucursal 1<br><br>1401 Buenos Aires    ARGENTINA | Proceso de integración en América Latina | 2530465 |
| Banco Rio de la Plata<br><br>Bartolome Mitre 480 piso 13<br><br>1036 Buenos Aires    ARGENTINA | Informe sobre la situación de la actividad económica | 19239623 |
| Biblioteca Alcon<br><br>Santa Fe 2844<br><br>1425 Buenos Aires    ARGENTINA | Boletín de la Biblioteca Carlos S. Daniel | |

| INSTITUTION AND ADDRESS | PUBLICATIONS AND OCLC NO. |
|---|---|
| Biblioteca CEDES<br>Centro de Estudios de Estado y Sociedad<br><br>Sanchez de Bustamante 27<br><br>1173 Buenos Aires　　ARGENTINA | Documentos CEDES<br><br>21218111 |
| Biblioteca de SEGBA (Servicios Eléctricos del Gran Buenos Aires)<br><br>Paseo Colon 717 piso 6<br><br>1063 Buenos Aires　　ARGENTINA | Informe estadístico provisional<br><br>7501365 |
| Biblioteca del Congreso de la Nación<br>Departamento de Canje y Donaciones<br><br>Rivadavia 1850<br><br>1033 Buenos Aires　　ARGENTINA | Leyes nacionales<br><br>1788741<br><br>Tramite parlamentario (Camara de Diputados)<br>23002977 |
| Biblioteca del Congreso de la Nación<br>Departamento de Canje y Donaciones<br><br>Rivadavia 1850<br><br>1033 Buenos Aires　　ARGENTINA | Novedades bibliográficas<br><br>30819044<br><br>Selecciones culturales<br><br>8515775 |
| Biblioteca del Congreso de la Nación<br>Departamento de Canje y Donaciones<br><br>Rivadavia 1850<br><br>1033 Buenos Aires　　ARGENTINA | Síntesis periodística (Senado)<br><br>2242492 |
| Biblioteca del Congreso de la Nación<br>　Dirección de Procesos Técnicos<br><br>Alsina 1859<br><br>1090 Buenos Aires　　ARGENTINA | Boletín de la Biblioteca del Congreso de de la Nación<br>8603870<br><br>Diario de sesiones<br><br>29804595 |

| INSTITUTION AND ADDRESS | PUBLICATIONS AND OCLC NO. |
|---|---|
| Biblioteca Nacional de Aeronaútica | Aeroespacio (Círculo de Aeronaútica) |
| | 7918677 |
| Casilla de Correo 3389 | |
| 1000 Buenos Aires          ARGENTINA | |
| Biblioteca Nacional Militar | Revista militar argentina |
| | 26297718 |
| Sante Fé 750 | |
| 1059 Buenos Aires          ARGENTINA | |
| Bolsa de Comercio de Buenos Aires | Anuario bursatil |
| Biblioteca | 18340925 |
| Sarmiento 299 PB | |
| 1353 Buenos Aires          ARGENTINA | |
| Bolsa de Comercio de Rosario | Informativo semanal |
| | 11162800 |
| Córdoba 1402 Esq. Corrientes | Revista de la Bolsa de Comercio de Rosario          10916131 |
| 2000 Rosario          ARGENTINA | |
| Bolsa de Comercio de Rosario | Memoria y balance general |
| | 6434378 |
| Córdoba 1402 Esq. Corrientes | |
| 2000 Rosario          ARGENTINA | |
| Bulletin of Number Theory | Bulletin of Number Theory and related topics |
| | 4911859 |
| Alberti 158, Casilla de Correo 298 | |
| 1082 Buenos Aires          ARGENTINA | |

| INSTITUTION AND ADDRESS | PUBLICATIONS AND OCLC NO. |
|---|---|
| Camara Argentina Comercio | Pensamiento económico |
|  | 2390950 |
| Leandro N. Alem 36 |  |
| 1003 Buenos Aires ARGENTINA |  |
| Camara Argentina de Casas y Agencias de Cambio | Anuario |
| San Martin 390 piso 14 |  |
| 1004 Buenos Aires ARGENTINA |  |
| Camara Argentina de la Industria Plástica | Guia de la industria plástica argentina |
| J. Salguero 1939 |  |
| 1425 Buenos Aires ARGENTINA |  |
| Centro Correntino Ciencias Naturales | Historia natural |
|  | 8581661 |
| Casilla de Correo 26 |  |
| 3400 Corrientes ARGENTINA |  |
| Centro de Estudios de la Sociedad Industrial | Valores en la sociedad industrial |
|  | 15122248 |
| Casilla de Correo 3435, Correo Central | Revista valores |
|  | 1619969 |
| Buenos Aires ARGENTINA |  |
| Centro de Estudios de Población | Reseña de actividades |
| Biblioteca CENEP FAX: 541-916-8195 | 5901616 |
| Corrientes 2817  7 piso | Boletin del SIDEMA |
| Casilla 4397 - Correo Central, 1000 1193 Buenos Aires ARGENTINA | 24992478 |

| INSTITUTION AND ADDRESS | PUBLICATIONS AND OCLC NO. |
|---|---|
| Centro de Estudios de Población<br>Biblioteca CENEP<br>FAX: 541-916-8195<br>Corrientes 2817  7 piso<br>Casilla 4397 - Correo Central, 1000<br>1193 Buenos Aires         ARGENTINA | Cuadernos del CENEP |
| Centro de Estudios Farmacológicos<br> y Botánicos<br><br>Serrano 665, 7 piso<br><br>1414 Buenos Aires         ARGENTINA | Parodiana<br><br>7645573 |
| Centro de Estudios Laborales<br><br><br>Av. de Mayo, 950 - 5º Piso, 9<br>CC 1885 Correo Central, 1000 Buenos Aires<br>1084 Buenos Aires         ARGENTINA | Justicia social<br><br>15482817 |
| Centro de Estudios Migratorios Latino<br>Americanos (CEMLA)<br><br>Avda. Independencia 20<br><br>1099 Buenos Aires         ARGENTINA | Estudios migratorios latinoamericanos<br><br>13979159 |
| Centro de Estudios para el Proyecto<br> Nacional - CEPNA<br><br>Hipólito Yrigoyen 1994 - 2 Piso<br><br>1089 Buenos Aires         ARGENTINA | Proyecto nuevo : revista de politica, economía<br> y ciencias sociales         13896680 |
| Centro de Investigación y Acción Social<br>Biblioteca CIAS<br><br>O'Higgins 1331, Casilla de Correo 95<br><br>1426 Buenos Aires         ARGENTINA | Revista del CIAS: Revista de investigación y<br> acción social         11527687 |

| INSTITUTION AND ADDRESS | PUBLICATIONS AND OCLC NO. |
|---|---|

Centro de Investigaciones en Ciencias
Sociales

Defensa 665  5 piso "C"

1065 Buenos Aires          ARGENTINA

Series estudios

Series cursos

---

Centro de Investigaciones  Filosóficas

Miñones 2073

1428 Buenos Aires          ARGENTINA

Revista latinoamericana de filosofía

4312604

---

Centro Interdisc. de Estudios sobre el Desarrollo
Latinoamericano de la Fundación Konrad Adenauer

Avenida  L.N. Alem 690, 20º

FAX:541-311-2902
1001 Buenos Aires          ARGENTINA

Contribuciones: Estudios interdisciplinarios
sobre desarrollo  y coop. internacional     10862344

---

Centro Investigaciones Cuyo

Primitivo de la Reta 522 - 2K

5500 Mendoza          ARGENTINA

Cuadernos (Centro Investigaciones Cuyo)

8396518

---

Centro Nacional de Información Educativa

Paraguay, 1657 - 1 piso

1062 - Cap. Fed - Buenos Aires     ARGENTINA

Revista de educación y cultura

4596776

---

Centro Regional de Investigaciones Científicas y
Tecnológicas- Servicio Centralizado de Documentación

Casilla de Correo 131 - Correo Central

5500 - Mendoza          ARGENTINA

Xama (Publicación de la Unidad de
Antropología)                                21616329

---

| INSTITUTION AND ADDRESS | PUBLICATIONS AND OCLC NO. | |
|---|---|---|
| Colegio de Abogados de Buenos Aires<br>Biblioteca<br><br>Montevideo 640<br><br>1019 Buenos Aires          ARGENTINA | Revista del Colegio de Abogados de<br>  Buenos Aires<br>Memoria y balance | 6871967<br><br>5471345 |
| Colegio de Abogados de La Plata<br>Biblioteca<br><br>Calle 13  e/ 48 y 49<br><br>1900 La Plata          ARGENTINA | Revista del Colegio de Abogados de<br>La Plata | 16685960 |
| Colegio de Farmaceuticos de la Provincia de<br>Buenos Aires<br><br>Calle 5, n.966<br><br>1900 - Plata          ARGENTINA | Acta farmaceutica bonaerence<br><br>BIFASE | 9823376 |
| Colegio de Funcionarios Públicos<br>Jerarquizados de la Prov. de Santa Fe<br><br>Casilla de Correo 229<br><br>1898 Rivadavia  Santa Fe          ARGENTINA | Boletin, Colegio de Funcionarios Públicos<br>Jerarquizados de la Prov. de Santa Fe | |
| Comando en Jefe de la Fuerza Aérea, Comado de<br>  Regiones Aéreas, Servicio Meteorológico Nacional<br><br>25 de Mayo 658<br><br>6660 Buenos Aires          ARGENTINA | Boletín climatológico | 23469443 |
| Comisión Nacional de Energía  Atómica<br>  Biblioteca<br><br>Av. del Libertador 8250<br><br>1429 Buenos Aires          ARGENTINA | Seguridad radiológica<br><br>Boletín | 24601045 |

| INSTITUTION AND ADDRESS | PUBLICATIONS AND OCLC NO. | |
|---|---|---|
| Comisión Nacional de Energía Atómica<br>Biblioteca<br><br>Av. del Libertador 8250<br><br>1429 Buenos Aires ARGENTINA | Memoria anual<br><br>Informe CNEA | |
| Consejo Deliberante de la Ciudad de Buenos Aires<br>Centro de Documentación Municipal<br><br>Casilla 2394, Correo Central<br><br>1000 Buenos Aires ARGENTINA | Boletín municipal | |
| Consejo Federal de Inversiones<br>Centro de Documentación<br><br>San Martín 871 - 2º entrepiso<br><br>1004 Buenos Aires ARGENTINA | Producto bruto gráfico<br><br>Escenarios de la integración, Revista del<br> Consejo Federal de Inversiones | 29825936 |
| Consejo Latinoamericano de Ciencias Sociales<br>Biblioteca<br><br>Callao 875 - 3ºE.<br><br>1023 - Buenos Aires ARGENTINA | Informe. Consejo Latinoamericano de<br>Ciencias Sociales<br>David y Goliath : Boletin CLACSO | 7588938 |
| Consejo Nacional de Investigaciones Científicas y<br> Técnicas, Programa de Investigaciones Medievales<br><br>Soldado de la Independencia 801<br><br>1428 Buenos Aires ARGENTINA | Temas medievales | 28053539 |
| Corporación Productores de Fruta de Río Negro<br>(CORPOFRUT)<br><br>Primera Junta 295<br><br>8324 Cipolletti, Rio Negro ARGENTINA | Información y estadísticas fruticolas<br><br>Anuario estadístico | 26135046 |

| INSTITUTION AND ADDRESS | PUBLICATIONS AND OCLC NO. | |
|---|---|---|
| Corte Suprema de Justicia de la Nación<br>  Biblioteca | Digesto de los Fallos de la Corte<br>  Suprema de Justicia de la Nación | 12592594 |
| Talcahuano 550 | Fallos de la Corte Suprema de Justicia<br>  de la Nación | 1514034 |
| 1013 Buenos Aires        ARGENTINA | | |
| Delegación Asociaciones Israelitas Argentinas<br>  Centro de Estudios Sociales | Indice para el analisis de nuestro<br>  tiempo | 19618437 |
| Pasteur 633, 5º Piso | | |
| 1028 Buenos Aires        ARGENTINA | | |
| Dirección de Información y<br>  Tecnología Educativa | Revista de educación y cultura | 4596776 |
| Diagonal 73 Nº 1910 | | |
| 1900 La Plata        ARGENTINA | | |
| Dirección General de Estadística en<br>Investicagciones Económicas | Boletín estadística agropecuaria | 6436286 |
| San Martín 953, 1 piso | Anuario estadístico de Tierra del Fuego | 31944944 |
| 9410 Ushuaia        ARGENTINA | | |
| Doxa | Doxa, Cuadernos de ciencias sociales | 24170626? |
| Corrientes 1969, 1º C | | |
| 1045 Buenos Aires        ARGENTINA | | |
| Ejército Argentino, General de Sanidad y el Ejército<br>Comando de Sanidad y Dirección | Revista de la sanidad militar argentina | 10191108 |
| 15 de Nov. de 1889, no. 1932 | | |
| 1261 Buenos Aires        ARGENTINA | | |

| INSTITUTION AND ADDRESS | PUBLICATIONS AND OCLC NO. | |
|---|---|---|
| Empresa Nacional de Correos y Telégrafos (ENCONTEL)<br><br>Sarmiento 151, 3º piso, Oficina 313<br><br>1000 Buenos Aires ARGENTINA | Boletín de la Empresa Nacional de Correos y Telégrafos | 2608709 |
| Encuentro Cristiano<br><br>Rio Bamba 212 – 6 piso , Of. "F"<br><br>1025 Capital Federal ARGENTINA | Sociedad y utopia | 22923469 |
| Escuela de Defensa Nacional<br><br>Maipu 262<br><br>1084 Capital Federal ARGENTINA | Revista de la Escuela de Defensa Nacional | 3061228 |
| Escuela Nacional de Inteligencia Biblioteca<br><br>Libertad 1235<br><br>1012 Buenos Aires ARGENTINA | Revista de la Escuela Nacional de Inteligencia | 28178020 |
| Eslovenia Libre<br><br>Ramón L. Falcon 4158<br><br>1407 Buenos Aires ARGENTINA | Svobodna Slovenia =Eslovenia Libre | 28916824 |
| Estación Experimental Agrícola de Tucumán Biblioteca y Publicaciones<br><br>Casilla de Correo, 71<br><br>4000 San Miguel de Tucumán ARGENTINA | Revista industrial y agrícola de Tucumán | 1763962 |

| INSTITUTION AND ADDRESS | PUBLICATIONS AND OCLC NO. | |
|---|---|---|
| Estación Experimental Agro-Industrial "Obispo Colombres" - Biblioteca | Avance : agroindustrial | 26102072 |
| Casilla del Correo n.9 | Memória anual | |
| 4101- Las Talitas - Tucuman ARGENTINA | | |
| Estación Experimental Regional Agropecuaria Parana | Serie técnica | 2922989 |
| Casilla de Correo 128 | | |
| 3100 Parana, Entre Rios ARGENTINA | | |
| Estación Experimental Regional Agropecuaria Pergamino | Boletin de divulgación | 6203922 |
| Casilla de Correo 31 | | |
| 2700 Pergamino ARGENTINA | | |
| Facultad Latinoamericana de Ciencias Sociales Programa Buenos Aires, FLACSO,Ctro de Documentación | Propuesta educativa | 20764382 |
| Ayacucho 551 | | |
| 1026 Buenos Aires ARGENTINA | | |
| Federación Agraria Argentina or Fundacion???? | La Tierra | 7351458 |
| General Mitre 1132 | Memoria y balance | 15602618 |
| 2000 Rosario ARGENTINA | | |
| Federación Argentina de la Industria del Caucho | Caucho : Revista de la Federación Argentina de la Industria | 2776387 |
| Av. Leandro N. Alem 1067 - Piso 16 | Guía de la industria del caucho | 6782305 |
| 1001 Buenos Aires ARGENTINA | | |

| INSTITUTION AND ADDRESS | PUBLICATIONS AND OCLC NO. | |
|---|---|---|
| Federación Argentina de la Industria Molinera | Estadísticas de la industria molinera | 20589444 |
| Bouchard 454, piso 6 | Memoria y balance | 23370423 |
| 1106  Buenos Aires          ARGENTINA | | |
| Federación Bioquímica de la Provincia de Buenos Aires | Acta bioquímica clínica latino americana | 3181975 |
| Calle 6, n.1344 | | |
| 1900- La Plata          ARGENTINA | | |
| Federacion Económica de la Provincia de Buenos Aires | Boletin de F.E.B.A | |
| Calle 56, no. 338 | | |
| 1900 La Plata          ARGENTINA | | |
| Ferrocarriles Argentinos  -  Biblioteca Centro de Documentación y Publicaciones | Boletin informativo (Ferrocarriles Arg.) | 5141579 |
| Av. los Inmigrantes 1950, Piso 5º, Oficina 501 | Memoria y balance (Ferrocarriles Arg.) | 6107664 |
| 1104 Buenos Aires          ARGENTINA | | |
| Ferrocarriles Argentinos  -  Biblioteca Centro de Documentacion y Publicaciones | Sintesis estadística (Ferrocarriles Arg.) | 6243269 |
| Av. los Inmigrantes 1950, Piso 5º, Oficina 501 | | |
| 1104 Buenos Aires          ARGENTINA | | |
| Fundación Ameghino Biblioteca | Mundillo Ameghiniano | 10438513 |
| Casilla 375 | Textos | |
| 8500- Viedma R. N.          ARGENTINA | | |

| INSTITUTION AND ADDRESS | PUBLICATIONS AND OCLC NO. |
|---|---|
| Fundación Ameghino<br>Biblioteca<br><br>Casilla 375<br><br>8500- Viedma R. N.　　　ARGENTINA | Mundo Ameghiniano<br><br>12644891 |
| Fundación Arturo Illia<br><br><br>Primera Junta 299 , San Isidro<br><br>1642 Buenos Aires　　　ARGENTINA | Noticias de la Fundación Artura Illia |
| Fundación CEDRO, Centro para la Prevención del Uso<br>　Indebido de Drogas, Centro Información<br><br>Florida 930, 4º A<br><br>1005 Buenos Aires　　　ARGENTINA | Informe anual<br><br>22125036 |
| Fundación Complejo Cultural Parque de España,<br>　Centro de Investigación y Documentación Histórica<br><br>San Lorenzo 1139  1 piso<br><br>2000 Rosario, Pcia de Santa Fe　ARGENTINA | Boletin informativo |
| Fundación Consejo para el Proyecto Argentino<br><br><br>Casilla de Correo 3<br><br>1640  Sucursal 1 Martinez　　　ARGENTINA | Gabinete paralelo |
| Fundación Investigaciones<br>　Económicas Latinoamericanas<br><br>Maipu 757, 7º Piso<br><br>1006 Buenos Aires　　　ARGENTINA | Indicadores de coyuntura<br><br>6020307 |

| INSTITUTION AND ADDRESS | PUBLICATIONS AND OCLC NO. |
|---|---|
| Fundación José María Aragón | Memoria y balance |
| | 4946904 |
| Av. Córdoba 1345, Piso 9 | |
| 1055 Buenos Aires     ARGENTINA | |
| Fundación Mediterranea - IEERAL | Estudios |
| | 5323094 |
| | Novedades económicas |
| Casilla de Correo 1311 | |
| | 12764573 |
| 5000 Córdoba     ARGENTINA | |
| Fundación Mediterranea - IEERAL | Newsletter |
| | 18515204 |
| Casilla de Correo 1311 | |
| 5000 Córdoba     ARGENTINA | |
| Fundación Miguel Lillo | Acta Zoológica Lilloana |
| Centro de Información Geo-Biológica | 1461037 |
| | Lilloa |
| Miguel Lillo 251 | |
| | 1755920 |
| 4000 Tucumán     ARGENTINA | |
| Fundación Miguel Lillo | Serie conservación de la naturaleza |
| Centro de Información Geo-Biológica | 9804652 |
| | Acta Geológica Lilloana |
| Miguel Lillo 251 | |
| | 1460891 |
| 4000 Tucumán     ARGENTINA | |
| Fundación Miguel Lillo | Opera Lilloana |
| Centro de Información Geo-Biológica | 1761320 |
| | Miscelanea (Fundación Miguel Lillo ) |
| Miguel Lillo 251 | |
| | 2379606 |
| 4000 Tucumán     ARGENTINA | |

| INSTITUTION AND ADDRESS | PUBLICATIONS AND OCLC NO. |
|---|---|
| Fundación Nuestra Historia | Nuestra historia |
| | 2617160 |
| Marcelo T. de Alvear 2438  6 piso | |
| alt.address:C.C. 220 Sucursal 12, 1412 BsAs | |
| 1122 Buenos Aires        ARGENTINA | |
| Gas del Estado | Gas informa |
| GDRH/GCIA Capacitacion | 24730315 |
| Av. Corrientes 4200 | |
| Buenos Aires        ARGENTINA | |
| Instituto Americano de Estudios | Boletín del Instituto |
|  Vascos | 2697473 |
| Av. Belgrano 1144 | |
| 1092 Buenos Aires        ARGENTINA | |
| Instituto Antártico Argentino | Contribución |
| Dirección Nacional del Antártico | 1111914 |
| Cerrito 1248 | Antártida |
| | 1793439 |
| 1010 Buenos Aires        ARGENTINA | |
| Instituto Argentino de Mercado de | Revista del Instituto  Argentino de |
|  Capitales | Mercado de Capitales        19000212 |
| 25 de Mayo, 367 - Piso 8 | |
| 1002 Buenos Aires        ARGENTINA | |
| Instituto Argentino para el | Realidad económica |
|  Desarrollo Económico | 4345438 |
| Hipólito Yrigoyen, 1116  piso 4 | |
| 1086 Buenos Aires        ARGENTINA | |

| INSTITUTION AND ADDRESS | PUBLICATIONS AND OCLC NO. | |
|---|---|---|
| Instituto Bibliográfico "Antonio Zinny" | Historiografía Rioplatense | 5394577 |
| Casilla de Correo 35 | | |
| 1655 José León Suarez        ARGENTINA | | |
| Instituto Botánico Darwinion<br>Biblioteca | Hickenia | 3107137 |
| Labardén 200, Casilla de Correo 22 | Darwiniana:Revista del Instituto<br>Botánico Darwinion | 1608938 |
| 1642 San Isidro        ARGENTINA | | |
| Instituto de Botánica del Nordeste | Bonplandia | 4010255 |
| Sargento Cabral, 2131, Casilla de Correo 209 | | |
| 3400- Corrientes        ARGENTINA | | |
| Instituto de Desarrollo Económico y<br> Social | Desarrollo económico : Revista de<br>ciencias sociales | 1566279 |
| Aráoz 2838 | | |
| 1425 Buenos Aires        ARGENTINA | | |
| Instituto de Economía Energética | Desarrollo y energía | 26730329 |
| Ave. 12 de octubre 1915,  CC 138 | | |
| 8400 S. C. Bariloche        ARGENTINA | | |
| Instituto de Estudios Históricos Lorenzo<br>Suarez de Figueroa | Boletín del Instituto | 4327750 |
| Huanchilla, Prov. de Cordoba        ARGENTINA | | |

| INSTITUTION AND ADDRESS | PUBLICATIONS AND OCLC NO. | |
|---|---|---|
| Instituto de Historia Argentina y Americana "Dr. Emilio Ravignani" - Biblioteca<br><br>25 de mayo, 217 - 2ºpiso<br><br>1002- Buenos Aires    ARGENTINA | Boletín del Instituto de História Argentina y Americana | 1285469 |
| Instituto de Investigaciones Antropológicas Municipalidad de Olavarria<br><br>San Martín 2862<br><br>7400 Olavarria, Prov. de Buenos   ARGENTINA | Actualidad antropológica<br><br>Etnia | 2256945<br><br>1568327 |
| Instituto de Investigaciones de Historia del Derecho<br><br>Avda. Mayo 1480  piso 1 IZQ.<br><br>1085 Buenos Aires    ARGENTINA | Revista de historia del derecho | 2430491 |
| Instituto de Investigaciones Educativas Biblioteca<br><br>Tte. Gral. Juan D.Perón, 1605 - 3ºpiso "10"<br><br>1037- Buenos Aires    ARGENTINA | IIE | 3793331 |
| Instituto de Investigaciones Geohistóricas Conicet-Fundanord<br><br>Avenida Castelli, 930, Casilla Correo 438<br><br>3500-Resistencia, Chaco    ARGENTINA | Cuadernos de geohistoria regional | 7105110 |
| Instituto de Investigaciones Geohistóricas Conicet-Fundanord<br><br>Avenida Castelli, 930, Casilla Correo 438<br><br>3500-Resistencia, Chaco    ARGENTINA | Folia histórica del nordeste<br><br>Revista de estudios regionales | 3778158<br><br>check · |

| INSTITUTION AND ADDRESS | PUBLICATIONS AND OCLC NO. |
|---|---|
| Instituto Internacional de Medio Ambiente y Desarrollo América Latina | Medio ambiente y urbanización    18392094 |
| Corrientes 2835, 6º B, Cpo. A | Información anual IIED-AL |
| 1193 Buenos Aires    ARGENTINA | |
| Instituto Nacional de Administación Pública | SINAPA |
| Av. Roque Sáenz Peña 501 - Piso 8 | Servicio civil |
| 1035 Buenos Aires    ARGENTINA | |
| Instituto Nacional de Administación Pública | Boletín - Instituto Nacional de Administración Pública    11912669 |
| Av. Roque Sáenz Peña 501 - Piso 8 | |
| 1035 Buenos Aires    ARGENTINA | |
| Instituto Nacional de Deporte | Revista del Instituto |
| Crisólogo Laralde 1050 | |
| 1429- Buenos Aires    ARGENTINA | |
| Instituto Nacional de Estadística y Censos Biblioteca INDEC | Estadística mensual    12357669 |
| H. Yrigoyen 250 - Piso 12 Of. 1209 | Boletín estadístico trimestral    3862854 |
| 1310 Buenos Aires    ARGENTINA | |
| Instituto Nacional de Estudios de Teatro | Revista de estudios de teatro    2266997 |
| Av. Córdoba 1199 | Cuadernos de divulgación    20277746 |
| 1055 Buenos Aires    ARGENTINA | |

| INSTITUTION AND ADDRESS | PUBLICATIONS AND OCLC NO. |
|---|---|
| Instituto Nacional de Investigación Musicológica "Carlos Vega" <br><br> Piedras 1260, 1º A <br><br> 1140 Buenos Aires    ARGENTINA | Revista del Instituto Nacional de Invest. Musicológica "Carlos Vega"   5703560 |
| Instituto Nacional de Previsión Social <br><br> Piedras 361 piso 4 <br><br> 1070 Buenos Aires    ARGENTINA | Previsión social, Revista del INPS <br><br> 24111894 |
| Instituto Nacional de Tecnología Agropecuaria , Instituto de Genética <br><br> Casilla de Correo 25 <br><br> 1712 Castelar    ARGENTINA | Boletín genético    1536682 <br><br> Boletin bibliográfico <br><br> 11832194 |
| Instituto Piñero Asociación Argentina de Investigaciones Psicológicas <br><br> José Luis Cantilo 4266/70, Villa Devoto <br><br> 1419 Buenos Aires    ARGENTINA | BAP:Boletín Argentino de Psicología   19708504 |
| Instituto Rosario de Investigaciones en Ciencias de la Educacion (IRICEA) - Biblioteca <br><br> Av.27 de febrero, 210 bis <br><br> 2000- Rosario    ARGENTINA | Revista IRICE    23368565 |
| Instituto Superior Evangélico de Estudios Teológicos Departamento de Bibliografía <br><br> Camacuá 282 <br><br> 1406 Buenos Aires    ARGENTINA | Bibliografía teológica comentada del area iberoamericana   3111112 |

| INSTITUTION AND ADDRESS | PUBLICATIONS AND OCLC NO. |
|---|---|
| Instituto Torcuato di Tella<br>Biblioteca<br><br>Miñones 2159/77<br>FAX: 541-783-3061<br>1428- Buenos Aires   ARGENTINA | Documentos de trabajo |
| INTA - Estación Experimental Regional<br>Agropecuaria Reconquista  - Biblioteca<br><br>Casilla de Correro 1<br><br>3560- Reconquista - Santa Fé   ARGENTINA | Publicación técnica<br><br>12014215 |
| Juan Suriano<br><br><br>Arevalo 2240<br><br>1425 Capital Federal   ARGENTINA | Entrepasados : Revista de historia<br><br>26142203 |
| Junta de Estudios Históricos de la<br>  Provincia de Buenos Aires<br><br>Calle 17, Nº 1233<br><br>1900 La Plata   ARGENTINA | Esto es historia<br><br>11088077 |
| Junta Nacional de Granos<br>Biblioteca<br><br>Av. Paseo Colon, 367 - Piso 5<br><br>1063 Buenos Aires   ARGENTINA | Anuario<br><br>Información estadística sobre el<br>  comercio de granos |
| Junta Nacional de Granos<br>Biblioteca<br><br>Av. Paseo Colon, 367 - Piso 5<br><br>1063 Buenos Aires   ARGENTINA | Indicadores de coyuntura del mercado<br>de granos   9494742 |

| INSTITUTION AND ADDRESS | PUBLICATIONS AND OCLC NO. |
|---|---|
| Junta Provincial de Historia de Córdoba | Revista de la Junta Provincial de Hisotria de Córdoba |
| | 4398066 |
| 27 de abril 375, Oficina 1 | |
| 5000 Córdoba          ARGENTINA | |
| Madres de Plaza de Mayo | Madres de Plaza de Mayo |
| | 12957506 |
| Hipolito Yrigoyen 1442 | |
| 1089 Buenos Aires          ARGENTINA | |
| Ministerio de Cultura y Educación | Boletín de resúmenes analíticos |
| Dirección de Planificación Docente y Educativa | |
| Zeballos 76 | |
| 5500- Mendoza          ARGENTINA | |
| Ministerio de Defensa | Revista de publicaciones navales |
| Secretaria Gral Naval, Depto.de Estudios Historicos Navales | 1798434 |
| Avda. Alte. Browm 401 | |
| 1155 Buenos Aires          ARGENTINA | |
| Ministerio de Economía | Boletín de la Dirección General |
| Dirección General Impositiva - Biblioteca | Impositiva          7919600 |
| Lavalle 1268 - Piso 2 | |
| 1048 Buenos Aires          ARGENTINA | |
| Ministerio de Economía y Obras y Servicios Públicos | Aeronavegación comercial argentina |
| Centro de Documentación y Información | 1685302 |
| H. Yrigoyen 250 piso 2, Oficina 200 | Economic report |
| 1310 Buenos Aires          ARGENTINA | |

| INSTITUTION AND ADDRESS | PUBLICATIONS AND OCLC NO. |
|---|---|
| Ministerio de Educación y Justicia<br>Centro de Documentación e Información Educativa<br><br>Paraguay 1657 - Piso 1<br><br>1026 Buenos Aires  ARGENTINA | Boletín de la Academia Nacional de<br>Educación<br><br>Boletín de accesión<br><br>5639018 |
| Ministerio de Educación y Justicia<br>Centro de Documentación e Información Educativa<br><br>Paraguay 1657 - Piso 1<br><br>1062 Buenos Aires  ARGENTINA | Boletín  DINEIP<br><br><br>Desarrollo de la educación en Argentina |
| Ministerio de Educación y Justicia<br>Dir. Nacional de Educación Pre-Primaria y Primaria<br><br>Paseo Colon 533 4 piso<br><br>1063 Buenos Aires  ARGENTINA | Cuadernos de educación en el nivel<br>básico. Serie EX  20948517<br>Cuadernos de educación en el nivel<br>básico. Serie RE  20948522 |
| Museo Argentino de Ciencias<br> Naturales Bernardino Rivadavia  - Biblioteca Central<br><br>Av. Angel Gallardo 470, CC 220 Sucursal 5<br><br>1405 Buenos Aires  ARGENTINA | Revista del Museo Argentino de<br>Ciencias Naturales  1537599<br>Comunicaciones del Museo Argentino<br> de Ciencias Naturales |
| Museo Argentino de Ciencias<br> Naturales Bernardino Rivadavia  - Biblioteca Central<br><br>Av. Angel Gallardo 470, CC 220 Sucursal 5<br><br>1405 Buenos Aires  ARGENTINA | Revista  del Museo Argentino de Ciencias<br>Naturales Bernardino Rivadavia: ecología 1537597 |
| Museo de Ciencias Naturales "Florentino Ameghino"<br>Biblioteca<br><br>Ira. Junta 2859/85, Casilla de Correo<br><br>3000- Santa Fé  ARGENTINA | Comunicaciones del museo… |

| INSTITUTION AND ADDRESS | PUBLICATIONS AND OCLC NO. | |
|---|---|---|
| Museo de Ciencias Naturales y Antropológicas "Juan Cornelio Moyano" | Boletin del Museo de Ciencias Naturales y Antropológicas | 7956482 |
| Parque General San Martin | | |
| 5500 Mendoza  ARGENTINA | | |
| Nasha Strana Nuestro País | Nuestro país=Nasha Strana | 32326150 |
| Monroe 3578 | | |
| 1430 Buenos Aires  ARGENTINA | | |
| Policia Federal Argentina | Mundo policial | 6383492 |
| Lavalle 2629 Casilla de Correo 1519 1052 Buenos Aires  ARGENTINA | | |
| Revista del Derecho Industrial | Revista del derecho industrial | 6461124 |
| ARGENTINA | | |
| Revista Mundo Nuevo | Revista mundo nuevo | 7258014 |
| Serrano, 557 | | |
| 1414- Buenos Aires  ARGENTINA | | |
| Secretaria de Planificación Biblioteca | Resúmenes de documentos sobre planificación | 23102551 |
| H. Yrigoyen 250, Piso 8, Of. 801/C | | |
| 1310 Buenos Aires  ARGENTINA | | |

| INSTITUTION AND ADDRESS | PUBLICATIONS AND OCLC NO. | |
|---|---|---|
| Seguridad Estratégia Regional | Seguridad estratégica regional | |
| | | 29546306 |
| Hipólito Yrigoyen 1994 2 piso "4" | | |
| 1089 Buenos Aires        ARGENTINA | | |
| Sociedad Argentina de Estudios Geográficos (GAEA) | Contribuciones científicas (Mendoza, Argentina) | |
| Rodriguez Peña 158  piso 4 | | |
| 1020- Buenos Aires        ARGENTINA | | |
| Sociedad Científica Argentina Biblioteca | Anales de la sociedad científica | 1765722 |
| Av.Santa Fé, 1145 | | |
| 1059 Buenos Aires        ARGENTINA | | |
| Sociedad Entomológica Argentina Biblioteca | Revista de la Sociedad Entomológica Argentina | 1765729 |
| Museo de La Plata, Paseo del Bosque | | |
| 1900 La Plata        ARGENTINA | | |
| Sociedad Rural Argentina Biblioteca | Indicadores anuales | |
| Florida 460 | Anales | 1765740 |
| 1005 Buenos Aires        ARGENTINA | | |
| Sociedad Rural Argentina Biblioteca | Boletín | 7133233 |
| Florida 460 | Memoria | 2554250 |
| 1005 Buenos Aires        ARGENTINA | | |

| INSTITUTION AND ADDRESS | PUBLICATIONS AND OCLC NO. | |
|---|---|---|
| Teatro Municipal General San Martín | Teatro Municipal General San Martin | 22195152 |
| Aguero 1775, 2 piso E | Teatro 2 | 25613011 |
| 1425 Buenos Aires    ARGENTINA | | |
| Telefónica de Argentina | Boletín de la Empresa Nacional de Correos | |
| Dirección Comercial, Gestión de la Inform. y Normativa | y Telégrafos | 2608709 |
| Tte. Gral. Juan D. Peron 518-2do P. | | |
| 1038 Buenos Aires    ARGENTINA | | |
| Universidad Argentina de la Empresa | Estudios de coyuntura | |
| Secretaría Extensión Universitaria | | |
| Libertad 1340 | | |
| 1016 Buenos Aires    ARGENTINA | | |
| Universidad Católica Argentina | Anuario | |
| Dpto. de Biblioteca y Publicaciones | | |
| Capitán General Ramón Freire 183 | | |
| Caja Postal 1426 | | |
| Buenos Aires    ARGENTINA | | |
| Universidad Católica Argentina | Prudentia Iuris | |
| Facultad de Derecho y Ciencias Políticas | | 8881971 |
| Adolfo Dávila S/N entre Chile y Venezuela | | |
| Complejo Puerto Madero | | |
| 1107 Buenos Aires    ARGENTINA | | |
| Universidad Católica Argentina | Sapientia | |
| Facultad de Filosofía y Letras, Inst.de Historia de España | | 1914988 |
| Bartolomé Mitre 1869, P.B. | Estudios de historia de España | check |
| 1039 Buenos Aires    ARGENTINA | | |

| INSTITUTION AND ADDRESS | PUBLICATIONS AND OCLC NO. | |
|---|---|---|
| Universidad Católica Argentina | Res Gesta | |
| Instituto de Historia | | 4981347 |
| Av. Salta 2763, 1 piso, Casilla de Correo 629 | Revista del Instituto de Historia | |
| 2000 Rosario ARGENTINA | | |
| Universidad de Belgrano | Ideas en arte y tecnologia | |
| Biblioteca Central | | 11598709 |
| Zabala 1851, 1 piso | Ideas en ciencias sociales | |
| 1426 Buenos Aires ARGENTINA | | |
| Universidad de Buenos Aires | Revista de la Facultad de Agronomía | |
| Facultad de Agronomía y Veterinaria - Biblioteca | | 12685250 |
| Av. San Martin. 4453 - c.c.1417 | | |
| Buenos Aires ARGENTINA | | |
| Universidad de Buenos Aires | Sociedad | |
| Facultad de Ciencias Sociales - Biblioteca | | 27750577 |
| Marcelo Torcuato de Alvear 2230 -Oficina 106 | | |
| 1122- Buenos Aires ARGENTINA | | |
| Universidad de Buenos Aires | Revista de historia del derecho | |
| Facultad de Derecho y Ciencias Sociales - Biblioteca | Ricardo Levene | 30209864 |
| Figueroa Alcorta, 2263 | | |
| 1426 Buenos Aires ARGENTINA | | |
| Universidad de Buenos Aires | Boletín del Instituto de Historia | |
| Facultad de Filosofía y Letras, Biblioteca Central- Canje | Argentina y Americana | 1285469? |
| Independencia 3051 | Estudios e investigaciones Instituto de | |
| | Historia de las Artes | 22781640? |
| 1225 Buenos Aires ARGENTINA | | |

| INSTITUTION AND ADDRESS | PUBLICATIONS AND OCLC NO. | |
|---|---|---|
| Universidad de Buenos Aires<br>Facultad de Filosofia y Letras - Dir. de Biblioteca<br>Puan 480 - Entrepiso<br>1406 Buenos Aires　　　　ARGENTINA | Cuadernos de filosofía<br><br>Documentos para la historia argentina | 2609415<br><br>1656289 |
| Universidad de Buenos Aires<br>Facultad de Filosofia y Letras - Dir. de Biblioteca<br>Puan 480 - Entrepiso<br>1406 Buenos Aires　　　　ARGENTINA | Espacios de crítica y producción<br><br>Filología | 13077594<br><br>1569216 |
| Universidad de Buenos Aires<br>Facultad de Filosofia y Letras - Dir. de Bibliotecas<br>Puan 480 - Entrepiso<br>1406 Buenos Aires　　　　ARGENTINA | Aguafuerte<br><br>Anales de historia antigua y medieval | 20582519<br><br>1537621 |
| Universidad de Buenos Aires<br>Facultad de Filosofia y Letras - Dir. de Bibliotecas<br>Puan 480 - Entrepiso<br>1406 Buenos Aires　　　　ARGENTINA | Estudios de la literatura argentina<br><br>Patrística et Mediaevalia (Centro de Estudios<br>de Filosofia Medieval) | <br><br>4235921 |
| Universidad de Buenos Aires<br>Facultad de Filosofia y Letras - Dir. de Bibliotecas<br>Puan 480 - Entrepiso<br>1406 Buenos Aires　　　　ARGENTINA | Cuadernos de antropología social<br><br>Cuadernos de historia espacial | 19831727 |
| Universidad de Buenos Aires<br>Facultad de Filosofia y Letras - Dir. de Bibliotecas<br>Puan 480 - Entrepiso<br>1406 Buenos Aires　　　　ARGENTINA | Epistemología de las ciencias sociales<br><br>Inter Litteras, Revista de la Sección de<br>Literatura en Lenguas Extranjeras | 29879744<br><br>30677355 |

| INSTITUTION AND ADDRESS | PUBLICATIONS AND OCLC NO. | |
|---|---|---|
| Universidad de Buenos Aires<br>Facultad de Filosofía y Letras. Instituto de Historia de la Cultura Española Medioeval y Moderna<br>25 de Mayo 217 - Piso 3<br><br>1002 Buenos Aires ARGENTINA | Cuadernos de historia de España | 1565544 |
| Universidad de Buenos Aires<br>Facultad de Filosofia y Letras, Inst. de Ciencias Antrop.<br><br>Sección Etnohistórica -- Canje<br>Puán 480 piso 4<br>1406 Buenos Aires ARGENTINA | Memoria americana: Cuadernos de etnohistoria | 26288565 |
| Universidad de Buenos Aires<br>Facultad de Filosofía y Letras, Instituto de Filosofia<br><br>25 de mayo 217 - 2ºpiso<br><br>1002- Buenos Aires ARGENTINA | Cuadernos de filosofia | 2609415 |
| Universidad de Buenos Aires<br>Facultad de Filosofía y Letras, Museo Etnográfico<br><br>Moreno 350<br><br>1091 Buenos Aires ARGENTINA | Runa | 1910682 |
| Universidad de Buenos Aires<br>Facultad de Medicina Canje y Donaciones - Biblioteca<br><br>Paraguay 2155 - 4ºpiso<br><br>1121- Buenos Aires ARGENTINA | Semana médica | 7451079 |
| Universidad de Buenos Aires<br>Facultad de Psicología - Biblioteca<br><br>Hipolito Yrigoyen 3242<br><br>1207 Buenos Aires ARGENTINA | Anuario de investigaciones | 29290192 |

| INSTITUTION AND ADDRESS | PUBLICATIONS AND OCLC NO. | |
| --- | --- | --- |
| Universidad de Buenos Aires<br>Instituto de Arte Americano "Mario J. Buschiazzo"<br><br>Ciudad Universitaria, Pabellon 3 Nunez 4 Piso<br><br>1428 Buenos Aires   ARGENTINA | Anales del Instituto de Arte<br>Americano "Mario J. Buschiazzo" | 22150775 |
| Universidad de Buenos Aires<br>Instituto de Investigaciones de Historia Económica y Social<br>Av. Cordoba 2122  2 piso<br><br>Buenos Aires   ARGENTINA | Ciclos en la historia la economía y<br>la sociedad | 26090006 |
| Universidad de Buenos Aires<br>Sección Folklore<br><br>25 de Mayo 217 - 1º Piso<br><br>1002 Buenos Aires   ARGENTINA | Revista de investigaciones<br> folklóricas | 20328720 |
| Universidad del Salvador<br>Colegio Máximo de San José - Biblioteca<br><br>Av. Mitre 3226<br><br>1663 San Miguel   ARGENTINA | Stromata | 4530692 |
| Universidad del Salvador<br> Instituto Latinoamericano de Investigaciones<br><br>Comparadas Oriente Occidente<br>Callao 853, 3º Piso<br>1023 Buenos Aires   ARGENTINA | Oriente Occidente, Revista de<br> investigaciones comparadas | 9861789 |
| Universidad del Salvador<br>Publicaciones Científicas<br><br>Rodríguez Peña 770, 2º Piso<br><br>1020 Buenos Aires   ARGENTINA | Athenea<br><br>Boletin del V Centenario del Descubrimiento<br>y de la Evangelización | 5995015<br><br>27.23098 |

| INSTITUTION AND ADDRESS | PUBLICATIONS AND OCLC NO. | |
|---|---|---|
| Universidad del Salvador<br>Vicerectorado de Investigación y Desarrollo<br><br>Rodríguez Peña 770, 2º Piso<br><br>1020 Buenos Aires          ARGENTINA | Noticias de la Universidad del<br>Salvador | 27153898 |
| | Signos universitarios, Revista de<br>la Universidad del Salvador | 8079232 |
| Universidad del Salvador<br>Vicerectorado de Investigación y Desarrollo<br><br>Rodríguez Peña 770, 2º Piso<br><br>1020 Buenos Aires          ARGENTINA | Cuadernos de economía aplicada | 24112812 |
| Universidad Nacional de Córdoba<br>Biblioteca Mayor - Sección Canje y Donaciones<br><br>Trejo 242, 10 piso, Casilla de Correo 63<br><br>5000 Córdoba          ARGENTINA | Studia (Publicación de la Cátedra de Historia<br>del Pensamiento y la Cultura Argentinos) 23830564 | |
| | Boletín de la Sociedad Rural<br>Argentina | 19810217 |
| Universidad Nacional de Córdoba<br>Centro Interamericano de Desarrollo de Archivos<br><br>Escuela de Archiveros, Adva. Hipolito Yrigoyen 174<br><br>5000 Córdoba          ARGENTINA | Anuario interamericano de archivos | 12701067 |
| Universidad Nacional de Córdoba<br>Facultad de Ciencias Económicas, Biblioteca<br><br>"Manuel Belgrano"<br>Estafeta 32, Ciudad Universitaria<br>5000 Córdoba          ARGENTINA | Revista de ciencias administrativas | 8557196 |
| Universidad Nacional de Córdoba<br>Facultad de Ciencias Económicas, Biblioteca<br><br>"Manual Belgrano"<br>Estafeta 32, Ciudad Universitaria<br>5000 Córdoba          ARGENTINA | Revista de compendios de artículos de<br>economía | 7129779 |
| | Revista de economía y estadística | 25005492 |

| INSTITUTION AND ADDRESS | PUBLICATIONS AND OCLC NO. | |
|---|---|---|
| Universidad Nacional de Córdoba<br>Facultad de Ciencias Económicas, Biblioteca "Manual Belgrano"<br>Estafeta 32, Ciudad Universitaria<br><br>5000 Córdoba     ARGENTINA | Actualidad económica, Revista bimestral del<br>Instituto de Economía y Finanzas | 26165872 |
| Universidad Nacional de Córdoba<br>Facultad de Derecho y Ciencias Sociales<br><br>Obispo Trejo 242, piso 1<br><br>5000 Córdoba     ARGENTINA | Revista de la Facultad | 30747380 |
| Universidad Nacional de Córdoba<br> Facultad de Filosofía y Humanidades<br><br>Inst. de Estudios Americanistas, Pabellon España 1º Piso<br>Cdad Universitaria Estafeta 32<br>5000 Córdoba     ARGENTINA | Cuadernos de historia ( Instituto de Estudios<br>Americanistas)<br><br>Documentales | 17755940 |
| Universidad Nacional de Córdoba<br> Facultad de Filosofía y Humanidades<br><br>Inst. de Estudios Americanistas, Pabellon España 1º Piso<br>Cdad Universitaria Estafeta 32<br>5000 Córdoba     ARGENTINA | Homenajes | |
| Universidad Nacional de Córdoba<br>Facultad de Filosofia y Humanidades, Biblioteca Central<br><br>Estafeta 32<br><br>5000- Córdoba     ARGENTINA | Bibliografia crítica de la literatura de<br>Córdoba<br><br>Boletín  (Univ. Nac. de Córdoba.<br>Facultad IDADES) | 19852558 |
| Universidad Nacional de Córdoba<br>Instituto de Antropología  CIFFyH<br><br>Seccion Canje, Casilla de Correo 801<br><br>5000 Córdoba     ARGENTINA | Publicaciones | 27764312 |

| INSTITUTION AND ADDRESS | PUBLICATIONS AND OCLC NO. | |
|---|---|---|
| Universidad Nacional de Córdoba | Trabajos de educación en ciencias | |
| Instituto de Matemática, Astronomía Y Física, Biblioteca | | |
| Avda. Valparaiso y R. Martínez | Trabajos de matemática | |
| 5000  Córdoba           ARGENTINA | | |
| Universidad Nacional de Córdoba | Boletín de la Academia Nacional de | |
|   Museo Botánico | Ciencias | 2444268 |
| Casilla de Correo 495 | Kurtziana | |
| 5000 Córdoba           ARGENTINA | | 2448197 |
| Universidad Nacional de Córdoba | Genética cuantitativa | |
|   Museo Botánico | | 16994053 |
| Casilla de Correo 495 | Lorentzia | |
| 5000 Córdoba           ARGENTINA | | 6661741 |
| Universidad Nacional de Cuyo | Boletín bibliográfico | |
| Biblioteca Central | | |
| Casilla de Correo 420 | Revista de lenguas extranjeras | |
| 5500 Mendoza           ARGENTINA | | 5347309 |
| Universidad Nacional de Cuyo | Anales de arqueología y etnología | |
| Biblioteca Central | | 1772184 |
| Casilla de Correo 420 | Jornadas de investigación | |
| 5500 Mendoza,           ARGENTINA | | |
| Universidad Nacional de Cuyo | Boletín de estudios geográficos | |
| Biblioteca Central | | 2264038 |
| Casilla de Correo 420 | Cuadernos de la Biblioteca | |
| 5500 Mendoza,           ARGENTINA | | 29653696 |

| INSTITUTION AND ADDRESS | PUBLICATIONS AND OCLC NO. |
|---|---|
| Universidad Nacional de Cuyo<br>Facultad Ciencias Agrarias,   Biblioteca<br><br>Almte. Brown 500, Casilla Correo 7, Chacras de Coria<br><br>5505 Mendoza          ARGENTINA | Revista de la Facultad<br><br>10791375 |
| Universidad Nacional de Cuyo<br>Facultad de Ciencias Agrarias - Biblioteca<br><br>Casilla de Correo 7, Almte. Brown 500<br><br>5505 Chacras de Coria, Mendoza   ARGENTINA | Intersectum<br><br>9176906<br><br>Temas de zoología agrícola<br><br>21956806 |
| Universidad Nacional de Cuyo<br>Facultad de Ciencias Económicas - Biblioteca<br><br>Centro Universitario, Casilla de Correo 594<br><br>5500 Mendoza          ARGENTINA | Revista de la Facultad de Ciencias<br> Económicas          2410209 |
| Universidad Nacional de Cuyo<br>Facultad de Ciencias Politicas y Sociales - Biblioteca<br><br>Casilla de Correo 217<br><br>5500 Mendoza          ARGENTINA | Anales ciencias politicas y sociales<br><br>18535515<br><br>Boletin argentino de historia de europa<br><br>21723195 |
| Universidad Nacional de Cuyo<br>Facultad de Filosofía y Letras - Biblioteca<br><br>Casilla de Correo 345<br><br>5500 Mendoza          ARGENTINA | Revista de historia universal<br><br>20328141<br><br>Revista de estudios regionales<br><br>22646614 |
| Universidad Nacional de Cuyo<br>Facultad de Filosofía y Letras - Biblioteca<br><br>Casilla de Correo 345<br><br>5500 Mendoza          ARGENTINA | Boletín de estudios geográficos<br><br>2264038<br><br>Cuadernos de filología<br><br>1565541 |

| INSTITUTION AND ADDRESS | PUBLICATIONS AND OCLC NO. |
|---|---|
| Universidad Nacional de Cuyo<br>Facultad de Filosofía y Letras - Biblioteca<br><br>Casilla de Correo 345<br><br>5500 Mendoza ARGENTINA | Boletín C.E.L.F<br>30621298<br><br>Trabajos de investigación en la Facultad<br>de Filosofía y Letras 29994010 |
| Universidad Nacional de Cuyo<br>Facultad de Filosofía y Letras, Instituto de Filosofia<br>Argentina y Americana<br>Centro Universitario Parque General San Martin<br><br>5500 Mendoza ARGENTINA | Revista de estudios clásicos<br>1763902<br><br>Revista de historia americana y argentina<br>4734643 |
| Universidad Nacional de Cuyo,<br>Facultad de Filosofía y Letras, Instituto de Filosofia<br>Argentina y Americana<br>Centro Universitario Parque General San Martin<br><br>5500 Mendoza ARGENTINA | Revista de historia universal<br>20328141<br><br>Cuadernos de historia del arte<br>3908974 |
| Universidad Nacional de Cuyo,<br>Facultad de Filosofía y Letras, Insto.de Filosofia Arg.y<br>Amer.<br>Centro Universitario Parque General San Martin<br><br>5500 Mendoza ARGENTINA | Cuyo, anuario de filosofía argentina y<br>americana 15814153 |
| Universidad Nacional de Cuyo,<br>Facultad de Filosofía y Letras, Insto de Literaturas<br>Modernas<br>Casilla de Correo 345<br><br>5500 Mendoza ARGENTINA | Revista de literaturas modernas<br>1775058<br><br>Revista de historia americana y argentina<br>4734643 |
| Universidad Nacional de Entre Ríos<br>Facultad de Ciencia de la Educcación - Centro de<br>Documentación e Información Educativa<br>Rivadavia 106<br><br>3100 Parana, Entre Ríos ARGENTINA | Ciencia hoy<br><br>Por todos los medios |

| INSTITUTION AND ADDRESS | PUBLICATIONS AND OCLC NO. |
|---|---|
| Universidad Nacional de La Patagonia<br>San Juan Bosco - Biblioteca Central<br><br>Casilla de Correo 786, Ciudad Universitaria Km. 4<br><br>9000 Comodoro Rivadavia　　　ARGENTINA | Naturalia patagónica<br><br>32258505 |
| Universidad Nacional de La Plata<br>Facultad de Agronomía - Biblioteca<br><br>Casilla de Correo 31, Calle 60 y 119<br><br>1900 La Plata　　　ARGENTINA | Revista de la Facultad de Agronomía<br><br>11192074 |
| Universidad Nacional de La Plata<br>Facultad de Ciencias Económicas. Instituto de<br>Investigaciones Econonómicas<br>Calle 48 no.555, Oficina 522<br><br>1900 La Plata　　　ARGENTINA | Económica<br><br>2326547 |
| Universidad Nacional de La Plata<br>Facultad de Ciencias Naturales y Museo de la Plata<br><br>Paseo del Bosque<br><br>1900 La Plata　　　ARGENTINA | Revista del Museo de La Plata<br>　Nueva Serie　　　019751101<br><br>Notas del Museo de La Plata<br><br>15314547 |
| Universidad Nacional de La Plata<br>Facultad de Humanidades y Ciencias de la Educación<br><br>Calle 6, Nº 775<br><br>1900 La Plata　　　ARGENTINA | Frontera, social y justicia coloniales<br><br>26968506<br><br>Serie pedagógica |
| Universidad Nacional de Luján<br><br>Casilla Correo 221<br><br>6700 Lujan, Pcia. Buenos Aires　　ARGENTINA | Producción científica<br><br>30101925<br><br>Cuadernos de historia regional<br><br>1254471 |

| INSTITUTION AND ADDRESS | PUBLICATIONS AND OCLC NO. | |
|---|---|---|
| Universidad Nacional de Luján<br><br>Casilla Correo 221<br><br>6700 Lujan, Pcia. Buenos Aires ARGENTINA | Pulses | |
| Universidad Nacional de Luján<br><br><br>Casilla Correo 221<br><br>6700 Lujan, Pcia. Buenos Aires ARGENTINA | Cuadernos de moneda y finanzas del<br>Cono Sur<br><br>Cuadernos de antropología | 19117673<br><br><br>20817062 |
| Universidad Nacional de Luján<br>Prgrma de Investigación y Desarrollo en Inteligencia Artificial<br>Casilla Correo 221<br><br>6700 Lujan, Pcia. Buenos Aires ARGENTINA | Producción científica | 30101925 |
| Universidad Nacional de Río Cuarto<br>Biblioteca Central<br><br>Enlace Ruta 8 y 36 Km 601<br><br>5800 Río Cuarto ARGENTINA | Revista de la Universidad Nacional<br>de Río Cuarto | 102088720 |
| Universidad Nacional de Rosario<br>Ctro Interdisciplinario de Estudios Sociales Argentinos y Lat.<br>Córdoba 1814<br><br>2000 Rosario ARGENTINA | Cuadernos del CIESAL, Revista de estudios<br>multidisciplinarios sobre la cuestión social 32138313 | |
| Universidad Nacional de Rosario<br>Facultad de Derecho<br><br>Córdoba 2020<br><br>2000 Rosario ARGENTINA | Investigación y docencia<br><br>Revista | 19462067 |

| INSTITUTION AND ADDRESS | PUBLICATIONS AND OCLC NO. | |
|---|---|---|
| Universidad Nacional de Rosario<br>Facultad de Humanidades y Artes,Biblioteca Central, Canje<br>Entre Rios 758<br><br>2000 Rosario ARGENTINA | Boletín del Centro de Investigaciones de Filosofía Jurídica y Filosofía Social<br>Revista de letras | 16208689<br><br>20241531 |
| Universidad Nacional de Rosario<br>Facultad de Humanidades y Artes,Biblioteca Central, Canje<br>Entre Rios 758<br><br>2000 Rosario ARGENTINA | Serie 3: Cuestiones linguísticas<br>Serie 5: la música en el tiempo | 28699526<br><br>28701357 |
| Universidad Nacional de Rosario<br>Facultad de Humanidades y Artes,Biblioteca Central, Canje<br>Entre Rios 758<br><br>2000 Rosario ARGENTINA | Anuario (Univ. Nacional de Rosario,Escuela de Historia) | 14441794 |
| Universidad Nacional de Rosario<br>Facultad de Humanidades y Artes,Escuela de Historia<br>Avda. Pellegrini 250<br><br>2000 Rosario ARGENTINA | Anuario (Univ. Nacional de Rosario, Escuela de Historia) | 14441794 |
| Universidad Nacional de Rosario<br>Facultad de Ingeniería<br>Avda. Pellegrini 250<br><br>2000 Rosario ARGENTINA | Cuadernos del Instituto de Matemática "Beppo Levi"<br>Mathematicae notae | 5188231<br><br>3960265 |
| Universidad Nacional de Salta<br>Biblioteca Central<br>Buenos Aires 177<br><br>4400 Salta ARGENTINA | Boletín de la Biblioteca Luis Emilio Soto | |

| INSTITUTION AND ADDRESS | PUBLICATIONS AND OCLC NO. |
|---|---|
| Universidad Nacional de Salta<br>Centro Promocional de las Investigaciones en Historia  y<br><br>Antropología<br>Buenos Aires 177<br>4400 Salta                  ARGENTINA | Andes: Antropología e historia<br><br>23852194 |
| Universidad Nacional de Tucumán<br>Biblioteca  Central- Depto. de Publicaciones y Canje<br><br>Casilla de Correo 167<br><br>4000 Tucumán                  ARGENTINA | Revista de agronomía del nordeste argentino |
| Universidad Nacional de Tucumán<br>Facultad de Ciencias Exactas y Tecnología<br><br>Casilla de Correo 167<br>Avda. Independencia 1700<br>4000 Tucumán                  ARGENTINA | Revista Série A: Matemática y física teórica<br>2451247 |
| Universidad Nacional de Tucumán<br>Facultad de Filosofía y Letras - Biblioteca, Sección Canje<br><br>Av. Benjamín Araóz, 750<br><br>4000 Tucumán                  ARGENTINA | Psicólogos: Revista de psicología de<br> la Universidad Nacional de Tucumán<br><br>Argentina en su literatura<br><br>23368944 |
| Universidad Nacional de Tucumán<br>Facultad de Filosofía y Letras - Biblioteca, Sección Canje<br><br>Av. Benjamín Araóz, 750<br><br>4000 Tucumán                  ARGENTINA | Cuadernos de Humanitas<br>3145609<br><br>Revista de literatura fantástica y mítica<br>20585553 |
| Universidad Nacional del Centro de la Prov. de Buenos<br> Aires - Instituto de Estudios Historico-Sociales<br><br>General Pinto 399  2 piso<br><br>7000 Tandil                  ARGENTINA | Anuario IEHS<br><br>17554685 |

| INSTITUTION AND ADDRESS | PUBLICATIONS AND OCLC NO. | |
|---|---|---|
| Universidad Nacional del Comahue<br>Biblioteca Central "Francisco P. Moreno"<br><br>Casilla de Correo Nº 593, Santa Fe y Leloir<br><br>8300 Neuquen ARGENTINA | Boletín geográfico<br><br>Revista de historia | 7759548<br><br>24989890 |
| Universidad Nacional del Comahue<br>Biblioteca Central "Francisco P. Moreno"<br><br>Casilla de Correo Nº 593, Santa Fe y Leloir<br><br>8300 Neuquén ARGENTINA | Ejecutivas de finanzas<br><br>Revista de lengua y literatura | 13141281<br><br>17223835 |
| Universidad Nacional del Litoral<br>Biblioteca Central<br><br>9 de julio 2154<br><br>3000 Santa Fé ARGENTINA | Estudios sociales: Revista universitaria<br>semestral | 26136273 |
| Universidad Nacional del Litoral<br>Facultad de Ciencias Jurídicas y Sociales<br><br>Cándido Pujato 2751<br><br>3000 Santa Fé ARGENTINA | Revista de ciencias jurídicas y sociales | 1763883 |
| Universidad Nacional del Sur<br>Biblioteca Central<br><br>Av. Alem 1253<br><br>8000 Bahia Blanca ARGENTINA | Cuadernos del sur<br><br>Notas de matemática discreta | 2259969<br><br>11129260 |
| Universidad Nacional del Sur<br>Biblioteca de Ciencias Agrícolas, Complejo Palihue<br><br><br><br>8000 Bahia Blanca ARGENTINA | Spheniscus | 18316675 |

| INSTITUTION AND ADDRESS | PUBLICATIONS AND OCLC NO. |
|---|---|
| Universidad Nacional del Sur<br>Biblioteca de Economía Depto de Ciencias Económicas<br><br>12 de Octubre y Perú<br><br>8000 Bahia Blanca          ARGENTINA | Estudios económicos<br>2260846<br><br>Escritos contables |
| Universidad Nacional del Sur<br>Departamento de Humanidades<br><br>12 de Octubre y Perú<br><br>8000 Bahia Blanca          ARGENTINA | Revista universitaria de geografía<br>23474964<br><br>Cuadernos del sur<br>2259969 |
| Universidad Nacional del Sur<br>Instituto de Matemática - Biblioteca "Antonio Monteiro"<br><br>Av. Alem 1253<br><br>8000 Bahia Blanca,          ARGENTINA | Notas de lógica matemática<br>3237533<br><br>Notas de álgebra y análisis<br>02511110 |
| Academia Nacional de Ciencias de Bolivia<br>Biblioteca<br><br>Av. 16 de julio, No. 1732<br>Casilla de Correo No. 5829<br>La Paz          BOLIVIA | Revista (Academia Nacional de Ciencias de Bolivia)          5294781 |
| Apoyo para el Campesino Indígena del Oriente<br>  Boliviano<br><br>Casilla 4213<br><br>Santa Cruz de la Sierra          BOLIVIA | Boletín de campesino indígena del Oriente Boliviano<br>13500644 |
| Asesor de Ciencia y Tecnología (CONACYT)<br>Vicepresidencia<br><br>Edif. Ant. Banco Central, 20 piso<br>Casilla de Correo 8727<br>La Paz          BOLIVIA | Metalurgía, hidraúlica e hidrología |

| INSTITUTION AND ADDRESS | PUBLICATIONS AND OCLC NO. | |
|---|---|---|
| Banco Central de Bolivia<br>Biblioteca Casto Rojas<br><br>Calle Ayacucho s/n<br>Casilla no. 3118<br>La Paz          BOLIVIA | Boletín estadístico<br><br><br>Estudios económicos | 8491744<br><br><br>23122267 |
| Banco Central de Bolivia<br>Biblioteca Casto Rojas<br><br>Calle Ayacucho s/n<br>Casilla no. 3118<br>La Paz          BOLIVIA | Puntos de vista<br><br><br>Indice de precios al por mayor | <br><br><br>23168694 |
| Banco Central de Bolivia<br>Biblioteca Casto Rojas<br><br>Calle Ayacucho s/n<br>Casilla no. 3118<br>La Paz          BOLIVIA | Información monetaria<br><br><br>Memoria anual | 14282103 |
| Banco Central de Bolivia<br>Biblioteca Casto Rojas<br><br>Calle Ayacucho s/n<br>Casilla no. 3118<br>La Paz          BOLIVIA | Producto interno bruto trimestral<br><br>Resultados de la encuesta de coyuntura: industria<br>manufacturera, comercio importador | 18434289<br><br><br>13416141 |
| Camara de Exportadores de La Paz<br><br>Avda. Arce 2017, Esq. Goitia<br>Casilla Postal 12145<br>La Paz          BOLIVIA | Memoria<br><br><br>Exportemos | <br><br><br>25242397 |
| Cámara Nacional de Comercio<br><br><br>Casilla No. 7<br><br>La Paz          BOLIVIA | Memoria | <br>19784598 |

| | |
|---|---|
| Casa de la Cultura Raúl Otero Reiche | Memoria |
| Casilla 1767 | |
| Santa Cruz de la Sierra          BOLIVIA | |

| | | |
|---|---|---|
| Centro Boliviano de Investigación y Acción Educativas | Bibliografía de periódicos | |
| CEBIA - Depto. Documentación y Publicaciones | | 15564812 |
| Centro Hnos. Manchego 2518 | Resumenes analíticos educativos | |
| Casilla 1479 | | 12220008 |
| La Paz          BOLIVIA | | |

| | | |
|---|---|---|
| Centro de Información y Desarrollo de la Mujer | Boletín ( Centro Documental de la Mujer Adela | |
| CIDEM | Zamudio) | 29904625 |
| Casilla 14036 | La Escoba, Boletín del CIDEM | |
| | | 14962724 |
| La Paz          BOLIVIA | | |

| | | |
|---|---|---|
| Centro de Información y Desarrollo de la Mujer | Documento | |
| CIDEM | | 25191375 |
| Casilla 14036 | | |
| La Paz          BOLIVIA | | |

| | |
|---|---|
| Centro de Investigaciones Antropológicas Tiwanacu | Puma punku, Revista oficial del Instituto de Cultura Aymaya |
| Casilla 2325 | |
| La Paz          BOLIVIA | |

| | | |
|---|---|---|
| Centro de Investigaciones Sociales | Memoria de actividades | |
| Biblioteca | | 12819444 |
| Casilla 6931 | | |
| La Paz          BOLIVIA | | |

| INSTITUTION AND ADDRESS | PUBLICATIONS AND OCLC NO. | |
|---|---|---|
| Centro Pedagógico y Cultural Simón I. Patino | Boletín | |
| | | 20268477 |
| Casilla 544 | Chaski | |
| Cochabamba          BOLIVIA | | |
| Centro Pedagógico y Cultural Simón I. Patino | El Duende viajero: Revista de literatura infantil y promoción de lectura | 21211814 |
| Casilla 544 | | |
| Cochabamba          BOLIVIA | | |
| Corte Suprema de Justicia de la Nación | Gaceta judicial de Bolivia | |
| | | 5654014 |
| Casilla 211 | Labores judiciales | |
| | | 1779628 |
| Sucre          BOLIVIA | | |
| Estación Experimental Agrícola de Los Llanos | Boletín de Divulgación | |
| Casilla 247 | | |
| Santa Cruz          BOLIVIA | | |
| Facultad Latinoamericana de Ciencias Sociales FLACSO | Estado y Sociedad | 15134169 |
| Jacinto Benavente 2190 | | |
| Casilla 9914 La Paz          BOLIVIA | | |
| Fuerzas Aéreas Bolivianas Comando General - Dirección de Relaciones Públicas | Actualidad Aeronáutica | 17432168 |
| Av. Montes 734 | Revista aeronaútica | |
| | | 2243023 |
| La Paz          BOLIVIA | | |

| INSTITUTION AND ADDRESS | PUBLICATIONS AND OCLC NO. |
|---|---|
| Fundación Ricardo Bacherer | Desarrollo y humanismo |
|  | 10088098 |
| Casilla Postal 4345 | |
| La Paz            BOLIVIA | |
| Instituto de Ecología | Ecología en Bolivia |
|  | 106166730 |
| Casilla 10077 | |
| La Paz            BOLIVIA | |
| Instituto de Estudios Andinos y Amazónicos | Data, Revista del Instituto de Estudios Andinos y Amazónicos            25645346 |
| Francisco de Miranda 1983 | |
| Apartado Postal 4452 La Paz            BOLIVIA | |
| Instituto Latinoamericano de Investigaciones Sociales | Debate agrario |
|  | 17723143 |
| Cajon Postal 8745 | Foro económico, Resumen            19028126 |
| La Paz            BOLIVIA | |
| Instituto Latinoamericano de Investigaciones Sociales | Foro político, Actos |
|  | 20143740 |
| Cajon Postal 8745 | |
| La Paz            BOLIVIA | |
| Instituto Nacional de Antropología | Antropología |
|  | 5046185 |
| Casilla 5905 | Arqueología boliviana |
| Calle Tiwanacu La Paz            BOLIVIA | 12153750 |
| INSTITUTION AND ADDRESS | PUBLICATIONS AND OCLC NO. |

| INSTITUTION AND ADDRESS | PUBLICATIONS AND OCLC NO. |
|---|---|
| Instituto Nacional de Antropología | Revista boliviana de etnomusicología y folklore |
| | 10987776 |
| Casilla 5905 | |
| Calle Tiwanacu | |
| La Paz  BOLIVIA | |
| Instituto Nacional de Estadística | Boletín de comercio exterior |
| Depto. Información Estadística y Capacitación | 12827148 |
| Casilla 6129 | Boletín de cuentas nacionales |
| | 22590579 |
| La Paz  BOLIVIA | |
| Instituto Nacional de Estadística | Boletín de salud |
| Depto. Información Estadística y Capacitación | 22283433 |
| Casilla 6129 | Boletín del sector público |
| | 21991678 |
| La Paz  BOLIVIA | |
| Instituto Nacional de Estadística | Boletín demográfico |
| Depto. Información Estadística y Capacitación | 14107622 |
| Casilla 6129 | Boletín estadísticas de remuneraciones |
| | 21478592 |
| La Paz  BOLIVIA | |
| Instituto Nacional de Estadística | Boletín de hidrocarburos |
| Depto. Información Estadística y Capacitación | 31162150 |
| Casilla 6129 | Boletín estadística trimestral |
| La Paz  BOLIVIA | |
| Instituto Nacional de Estadística | Bolivia en cifras |
| Depto. Información Estadística y Capacitación | 1793062 |
| Casilla 6129 | Bolivia minería |
| La Paz  BOLIVIA | |

| INSTITUTION AND ADDRESS | PUBLICATIONS AND OCLC NO. |
|---|---|
| Instituto Nacional de Estadística<br>Depto. Información Estadística y Capacitación<br><br>Casilla 6129<br><br>La Paz BOLIVIA | Componentes de la presión inflacionaria<br>23055247<br><br>Directorio nacional de importadores<br>22618263 |
| Instituto Nacional de Estadística<br>Depto. Información Estadística y Capacitación<br><br>Casilla 6129<br><br>La Paz BOLIVIA | Educación en cifras<br>22529584<br><br>Encuesta integrada de hogares<br>22418237 |
| Instituto Nacional de Estadística<br>Depto. Información Estadística y Capacitación<br><br>Casilla 6129<br><br>La Paz BOLIVIA | Encuesta permanente de hogares<br>20589498<br><br>Estadísticas industriales<br>3594911 |
| Instituto Nacional de Estadística<br>Depto. Información Estadística y Capacitación<br><br>Casilla 6129<br><br>La Paz BOLIVIA | Estadísticas industriales manufactureras<br>estrato fabril resultados preliminares 8335686<br>Estadísticas trimestrales de remuneraciones<br>22143093 |
| Instituto Nacional de Estadística<br>Depto. Información Estadística y Capacitación<br><br>Casilla 6129<br><br>La Paz BOLIVIA | Estudios EIH<br>24100546<br><br>Importación de servicios<br>29862813 |
| Instituto Nacional de Estadística<br>Depto. Información Estadística y Capacitación<br><br>Casilla 6129<br><br>La Paz BOLIVIA | Indicadores de coyuntura<br>22528067<br><br>Indice de costo de la construcción ciudad de<br>La Paz 24987579 |

| INSTITUTION AND ADDRESS | PUBLICATIONS AND OCLC NO. | |
|---|---|---|
| Instituto Nacional de Estadística | Indice de opinión empresarial | |
| Depto. Información Estadística y Capacitación | | 22230530 |
| Casilla 6129 | Indice de costo de la construcción de viviendas ciudad de La Paz | 24987565 |
| La Paz                    BOLIVIA | | |
| Instituto Nacional de Estadística | Indice de precios al consumidor | |
| Depto. Información Estadística y Capacitación | | 31125915 |
| Casilla 6129 | Indice de precios al productor industrial | 21924867 |
| La Paz                    BOLIVIA | | |
| Instituto Nacional de Estadística | Indice de remuneraciones medias y empleo IRME | 24179663 |
| Depto. Información Estadística y Capacitación | | |
| Casilla 6129 | Indice de volumen físico de la industria manufacturera INVOFIM | 24119437 |
| La Paz                    BOLIVIA | | |
| Instituto Nacional de Estadística | Matriz de empleo y educación | |
| Depto. Información Estadística y Capacitación | | 25299416 |
| Casilla 6129 | Plan operativo | |
| La Paz                    BOLIVIA | | |
| Instituto Nacional de Estadística | Previsiones de la balanza comercial | |
| Depto. Información Estadística y Capacitación | | 23072894 |
| Casilla 6129 | Resumen del balance estadístico | 28126166 |
| La Paz                    BOLIVIA | | |
| Instituto Nacional de Estadística | Resumen estadístico | |
| Depto. Información Estadística y Capacitación | | 9064455 |
| Casilla 6129 | Sector industrial manufacturero indicadores de corto plazo | 26254787 |
| La Paz                    BOLIVIA | | |

| INSTITUTION AND ADDRESS | PUBLICATIONS AND OCLC NO. |
|---|---|
| Instituto Nacional de Estadística<br>Depto. Información Estadística y Capacitación<br><br>Casilla 6129<br><br>La Paz  BOLIVIA | Serie datos<br><br>16628954 |
| Instituto Nacional de Estudios Linguísticos<br><br>Junin 608<br><br>La Paz  BOLIVIA | Notas y noticias linguísticas<br><br>9841881 |
| Ministerio de Asuntos Campesinos y Agropecuarios<br>Instituto Boliviano de Tecnología Agropecuaria<br><br>Av. Camacho 1471, 5 Piso, Cajon Postal 5783<br><br>La Paz  BOLIVIA | Congreso de Cultivos Andinos<br><br><br>Memoria |
| Ministerio de Hacienda y Desarrollo Económico<br>Secretaria Nacional de Minería<br><br>Avda. 16 de julio 1769<br>Casilla 8686<br>La Paz  BOLIVIA | Azufre, Revista de resumenes<br>18361503<br><br>Boletín estadístico minero metalúrgico<br>CEDOMIN  8980477 |
| Ministerio de Hacienda y Desarrollo Económico<br>Secretaria Nacional de Minería<br><br>Avda. 16 de julio 1769<br>Casilla 8686<br>La Paz  BOLIVIA | Sinopsis minera<br><br>19401488 |
| Ministerio de Industria, Comercio y Turismo<br>Dirección General de Comercio Exterior<br><br>Casilla de Correo 2367<br><br>Santa Cruz  BOLIVIA | Estadísticas de exportaciones<br>9929814<br><br>Informe de labores<br><br>19720222 |

| INSTITUTION AND ADDRESS | PUBLICATIONS AND OCLC NO. |
|---|---|
| Museo Nacional de Etnografía y Folklore<br>Biblioteca y Archivo<br><br>Casilla 5817<br><br>La Paz                     BOLIVIA | Boletín informativo<br>                    25235288<br><br>Etnología, Boletín del Museo Nacional de Etnografía<br>y Folklore       26864102 |
| Museo Nacional de Etnografía y Folklore<br>Biblioteca y Archivo<br><br>Casilla 5817<br><br>La Paz                     BOLIVIA | Revista del Museo Nacional de Etnografía<br> y Folklore     20462923 |
| Unión Nacional de Instituciones para el Trabajo<br>de Acción Social<br><br>Casilla 8666<br><br>La Paz                     BOLIVIA | Revista UNITAS<br>                 26265895 |
| Universidad Andina Simón Bolívar<br>Proyecto RLA/89/025, Programa de las NU para el Desarrollo<br>Apartado 545<br><br>Sucre                     BOLIVIA | Euromonitor<br><br>Nuevas fronteras académicas<br>                 27847415 |
| Universidad Autonoma "Tomas Frias"<br>Biblioteca Central Universitaria<br><br>Casilla 54<br><br>Potosi                     BOLIVIA | Revista científica<br>               9517672<br><br>Revista de la Facultad de Ciencias<br>              18576963 |
| Universidad Autonoma "Tomas Frias"<br>Biblioteca Central Universitaria<br><br>Casilla 54<br><br>Potosi                     BOLIVIA | Revista de orientación pedagógica<br>              18576757 |

| INSTITUTION AND ADDRESS | PUBLICATIONS AND OCLC NO. |
|---|---|
| Universidad Boliviana<br>Comite Ejecutivo<br><br>Avda. Arce 2606<br>Casilla Postal 4722<br>La Paz　　　　　　　BOLIVIA | Ciencia<br><br>20785113 |
| Universidad Católica Boliviana<br>Depto. de Planificación Académica<br><br>Apartado 4805<br><br>La Paz　　　　　　　BOLIVIA | Búsqueda |
| Universidad Católica Boliviana<br>Instituto Superior de Estudios Teológicos<br><br>Casilla 2118<br><br>Cochabamba　　　　　BOLIVIA | Yachay<br><br>13000884 |
| Universidad Mayor de San Andrés<br>Biblioteca Mayor, Sección de Selección, Adquisición y Canje<br>Casilla 6548<br><br>La Paz　　　　　　　BOLIVIA | Contacto, Revista de la Universidad Mayor de San Andrés　　17789085<br><br>Dinámica económica<br><br>6211457 |
| Universidad Mayor de San Andrés<br>Biblioteca Mayor, Sección de Selección, Adquisición y Canje<br>Casilla 6548<br><br>La Paz　　　　　　　BOLIVIA | Ensayo, Revista de teoria y análisis político<br>22443488<br><br>Hombre sociedad espacio |
| Universidad Mayor de San Andrés<br>Biblioteca Mayor, Sección de Selección, Adquisición y Canje<br>Casilla 6548<br><br>La Paz　　　　　　　BOLIVIA | Revista nueva universidad<br><br>22057747<br><br>Propuesta UMSA<br><br>24529662 |

| INSTITUTION AND ADDRESS | PUBLICATIONS AND OCLC NO. | |
|---|---|---|
| Universidad Mayor de San Andrés<br>Biblioteca Mayor, Sección de Selección, Adquisición y Canje<br>Casilla 6548<br><br>La Paz                    BOLIVIA | Textos antropológicos | 22945339 |
| Universidad Mayor de San Andrés<br>Centro de Información para el Desarrollo<br><br>Pedro Salazar 489 (Plaza Abaroa)<br><br>La Paz                    BOLIVIA | Umbrales | 32572037 |
| Universidad Mayor de San Andrés<br>Centro Nacional de Documentación Científica<br><br>Av. Camacho Esq. Ayacucho, Casilla 9357<br><br>La Paz                    BOLIVIA | Indice boliviano de ciencias de la salud<br><br>Revista nueva universidad | 6680247<br><br>22057747 |
| Universidad Mayor de San Andrés<br> División Extensión  Universitaria - Instituto de Estudios Bolivianos<br>Casilla 609<br><br>La Paz                    BOLIVIA | Arte y arqueología<br><br>Historia y cultura | 2257789<br><br>2093432 |
| Yacimientos Petrolíferos Fiscales Bolivianos<br>Biblioteca<br><br>Calle Bueno 185<br><br>La Paz                    BOLIVIA | Yacimientos Petrolíferos Fiscales Bolivianos,<br>revista técnica | |
| Academia Chilena de Ciencias<br><br><br>Clasificador 1349<br><br>Santiago                    CHILE | Boletín | |

| INSTITUTION AND ADDRESS | PUBLICATIONS AND OCLC NO. |
|---|---|
| Academia Chilena de la Historia<br>El Académico Bibliotecario<br><br>Clasificador 245<br><br>Santiago　　　　　CHILE | Colección de historiadores de Chile<br><br>5006245 |
| Academia de Humanismo Cristiano<br><br>Catedral 1063 Piso 5<br><br>Santiago　　　　　CHILE | La Hoja de las organizaciones<br>　económicas populares<br><br>Indicadores económico sociales<br><br>22465285 |
| Academia de Humanismo Cristiano<br><br>Catedral 1063 Piso 5<br><br>Santiago　　　　　CHILE | Página económica de los<br>　trabajadores |
| Academia Nacional de Estudios Políticos y Estratégicos<br><br>Eliodoro Yañez 2760 Providencia<br><br>Santiago　　　　　CHILE | Política y geoestratégia<br><br>11766095 |
| Anuario de Historia de la Iglesia en Chile<br><br>Walker Martinez 2020, Casilla 3 - D<br><br>Santiago　　　　　CHILE | Anuario de historia de la iglesia en Chile<br><br>11457963 |
| Arzobispado de Santiago<br>Centro de Documentación, Vicaría de la Solidaridad<br><br>Plaza de Armas 444, Casilla 30-D<br><br>Santiago　　　　　CHILE | Dialogando<br><br>8945096<br><br>Haciendo camino: Boletín zona sur<br><br>23277400 |

| INSTITUTION AND ADDRESS | PUBLICATIONS AND OCLC NO. |
|---|---|
| Arzobispado de Santiago<br>Centro de Documentación, Vicaría de la Solidaridad<br><br>Plaza de Armas 444, Casilla 30-D<br><br>Santiago CHILE | Informe mensual<br><br>14516123 |
| Banco Central de Chile<br>Sección Biblioteca<br><br>Agustinas 1180, Casilla 967<br><br>Santiago CHILE | Informe económico y financiero<br><br>28407706<br><br>Deuda externa de Chile<br><br>9821760 |
| Banco Central de Chile<br>Sección Biblioteca<br><br>Agustinas 1180, Casilla 967<br><br>Santiago CHILE | Annual report submitted to the<br>Superintendency of Banks... |
| Banco Central de Chile<br>Sección Biblioteca<br><br>Agustinas 1180, Casilla 967<br><br>Santiago CHILE | Cuentas Nacionales de Chile<br><br>11912738<br><br>Boletín mensual<br><br>2080926 |
| Banco Central de Chile<br>Sección Biblioteca<br><br>Agustinas 1180, Casilla 967<br><br>Santiago CHILE | Síntesis monetaria y financiera<br><br>30818816<br><br>Statistical Synthesis of Chile<br><br>12069497 |
| Banco Central de Chile<br>Sección Biblioteca<br><br>Agustinas 1180, Casilla 967<br><br>Santiago CHILE | Sintesis estadística de Chile<br><br>14870937<br><br>Balanza de pagos de Chile<br><br>02258076 |

| INSTITUTION AND ADDRESS | PUBLICATIONS AND OCLC NO. |
|---|---|
| Banco Central de Chile<br>Sección Biblioteca<br><br>Agustinas 1180, Casilla 967<br><br>Santiago CHILE | Economic and Financial Report<br>10614280<br><br>Evolución de la economía y perspectivas para... |
| Banco Central de Chile<br>Sección Biblioteca<br><br>Agustinas 1180, Casilla 967<br><br>Santiago CHILE | Indicadores de comercio exterior<br>6974805 |
| Banco O' Higgins<br>Secretaria General<br><br>Casilla 51-D<br><br>Santiago CHILE | Indicadores económico-financieros<br>8773577<br><br>Memoria anual<br>8463607 |
| Biblioteca del Congreso Nacional<br>Hemeroteca<br><br>Huerfanos 1117, piso 2<br>Clasificador 1129<br>Santiago CHILE | Boletin de sesiones (Camara de Diputados)<br>24172905<br><br>Diario de sesiones del Senado<br>24176149 |
| Biblioteca del Congreso Nacional<br>Hemeroteca<br><br>Huerfanos 1117, piso 2<br>Clasificador 1129<br>Santiago CHILE | Diario oficial de la Republica de Chile<br>5303793<br><br>Guía cultural<br>29949552 |
| Biblioteca Nacional de Chile<br>Oficina de Canje y Donaciones<br><br>Avda. Bernardo O'Higgins 651<br><br>Santiago CHILE | Bibliografía Chilena<br>8166156<br><br>Referencias críticas sobre autores chilenos<br>1713774 |

| INSTITUTION AND ADDRESS | PUBLICATIONS AND OCLC NO. | |
|---|---|---|
| Cámara de Comercio de Santiago | Integral | |
| | | 7351107 |
| Casilla 1297 | | |
| Santiago          CHILE | | |
| Centro de Estudios del Cobre y La Mineria (CESCO) | Boletín bi-mensual | |
| Apdo152 - Correo Central | Mineria y desarrollo | |
| Luis Thayer Ojeda 059, Dpt 43 Santiago          CHILE | | 15686710 |
| Centro de Estudios para el Desarrollo e Integración de la América Latina   CEDIAL | Tierra nueva | |
| Casilla 118, Correo 35,Las Condes | | |
| Av. Providencia 2250   piso 3 Santiago          CHILE | | |
| Centro de Estudios Públicos Centro de Documentación | Estudios públicos | |
| | | 9631322 |
| Monseñor Sotero Sanz 175 | | |
| Santiago          CHILE | | |
| Centro de Estudios Sociales Avance | Cuadernos | |
| Simón Bolivar 1846 | | |
| Santiago          CHILE | | |
| Centro de Investigación y Desarrollo de la Educación | Resumenes analíticos en educación | |
| | | 2922886 |
| Casilla 13608, Correo 21 | | |
| Erasmo Escala 1825 Santiago          CHILE | | |

| INSTITUTION AND ADDRESS | PUBLICATIONS AND OCLC NO. | |
|---|---|---|
| Centro Latinoamericano de Demografía | Resúmenes sobre población en América | |
| Edificio Naciones Unidas | Latina | 4200519 |
| Avenida Dag Hammarskjold , Casilla 91 | | |
| Santiago                    CHILE | | |
| Colegio de Arquitectos de chile | Documentos CA | |
| Casilla 13377 | | |
| Santiago                    CHILE | | |
| Comisión Chilena de Derechos Humanos | Carta informativa | |
| Area de Documentación e Informática | | 23750929 |
| Huerfanos Nº1805 | Situación de los derechos humanos | |
| Casilla 779, Correo Central | en Chile | 18855023 |
| Santiago                    CHILE | | |
| Comisión Chilena de Derechos Humanos | Boletín internacional | |
| Area de Documentación e Informática | | 21995521 |
| Huerfanos Nº1805 | News summary | |
| Casilla 779, Correo Central | | 23170931 |
| Santiago                    CHILE | | |
| Comision Chilena de Energía Nuclear | Memoria anual | |
| Biblioteca | | 8710577 |
| Los Jesuitas 645 | Nucleotécnica | |
| Casilla 188-D | | |
| Santiago                    CHILE | | |
| Comisión Chilena del Cobre | Memoria Anual | |
| | | 8757561 |
| Casilla 9493 | Estadísticas del cobre | |
| Agustinas 1161 - 4º Piso | | 23166133 |
| Santiago                    CHILE | | |

| INSTITUTION AND ADDRESS | PUBLICATIONS AND OCLC NO. |
|---|---|
| Comisión Chilena del Cobre<br><br>Casilla 9493<br>Agustinas 1161 - 4º Piso<br>Santiago　　　　　CHILE | La Minería no metálica de Chile: Informe<br>analítico y estadístico　　　31238146<br><br>Estadísticas del cobre y otros minerales<br>　　　　　23126913 |
| Comisión Chilena del Cobre<br><br>Casilla 9493<br>Agustinas 1161 - 4º Piso<br>Santiago　　　　　CHILE | Panorama de la minería no metálica:<br>informe estadístico　　　22958109 |
| Comision Económica para América Latina<br>Edificio Naciones Unidas<br><br>Av. Dag Hammarskjold, Casilla 179 D<br><br>Santiago　　　　　CHILE | CEPAL Review = Revista de la CEPAL<br>　　　　　3113183 |
| Comisión Nacional de Investigaciones<br>Cientificas y Tecnológicas, Dirección de Información<br><br>Casilla 297 V, Correo 21 , Canada, 308<br><br>Santiago　　　　　CHILE | Comisión Nacional de Investigación Científica<br>y Tecnológica. Serie Directorios<br>Panorama científico<br>　　　　　11646436 |
| Comisión Nacional de Investigaciones<br>Cientificas y Tecnológicas, Dirección de Información<br><br>Casilla 297 V, Correo 21 , Canada, 308<br><br>Santiago　　　　　CHILE | Serie "Información y documentación"<br>　　　　　4899061 |
| Corporación de Fomento de la Producción<br>Biblioteca<br><br>Matías Cousino 150  piso 2<br>Casilla 3886<br>Santiago　　　　　CHILE | Memoria<br>　　　　　3943670<br><br>Anuario de la minería de Chile<br>　　　　　1554266 |

| INSTITUTION AND ADDRESS | PUBLICATIONS AND OCLC NO. |
|---|---|
| Corporacion de Investigaciones Económicas para Latinoamérica, CIELPLAN | Estudios CIEPLAN 6175141 |
| MacIver 125, piso 5 | Annual Report 24057625 |
| Santiago CHILE | |
| Corporacion de Investigaciones Económicas para Latinoamérica, CIELPLAN | Informe de actividades 6452272 |
| MacIver 125, piso 5 | Revista de CIEPLAN 16650709 |
| Santiago CHILE | |
| Corporación de Promoción Universitaria | Estudios sociales 1097198 |
| Miguel Claro, 1460, Casilla 42 | |
| Correo 22 Santiago CHILE | |
| Departamento de Museos Dirección de Bibliotecas, Archivos y Museos | Museos 22462627 |
| Clasificador 1400 | |
| Santiago CHILE | |
| Editorial Gestión | Gestión 8592993 |
| Rafael Canas 114 | |
| Santiago CHILE | |
| Empresa Nacional de Electricidad ENDESA | Memoria 8058866 |
| Santa Rosa, 76, Casilla 1392 | |
| Santiago CHILE | |

| INSTITUTION AND ADDRESS | PUBLICATIONS AND OCLC NO. | |
|---|---|---|
| FLASCO<br>Programa Chile - Biblioteca<br><br>Casilla 3213 Central<br><br>Santiago　　　　　　　　CHILE | Documento de trabajo. Serie<br>　Estudios políticos<br>Documento de trabajo. Serie<br>　Estudios sociales | 23535538<br><br>23535595 |
| FLASCO<br>Programa Chile - Biblioteca<br><br>Casilla 3213 Central<br><br>Santiago　　　　　　　　CHILE | Documento de trabajo. Serie<br>Educación y Cultura<br>FLACSO en Chile | 23203005<br><br>18543012 |
| FLASCO<br>Programa Chile - Biblioteca<br><br>Casilla 3213 Central<br><br>Santiago　　　　　　　　CHILE | Documento de trabajo. Serie relaciones<br>　internacionales y políticas exteriores<br>Cono Sur | 23535679<br><br>11193099 |
| FLASCO<br>Programa Chile - Biblioteca<br><br>Casilla 3213 Central<br><br>Santiago　　　　　　　　CHILE | Informe de encuesta<br><br>Boletín bibliográfico | 19788570<br><br>14350349 |
| Fundación para la Protección a la Infancia Dañada<br>por los Estados de Emergencia<br><br>Holanda 3607<br><br>Santiago　　　　　　　　CHILE | Boletín de información y denuncia<br>　sobre la infancia en América Latina<br>Derecho a la infancia | <br><br>24060971 |
| Fundación para la Protección a la Infancia Dañada<br>por los Estados de Emergencia<br><br>Holanda 3607<br><br>Santiago　　　　　　　　CHILE | Infancia en América Latina: Boletín<br>bibliográfico y documental | 27157756 |

| INSTITUTION AND ADDRESS | PUBLICATIONS AND OCLC NO. | |
|---|---|---|
| Grupo de Investigación y Capacitación en Medicina | Salud y cambio, Revista chilena de medicina social | 23096219 |
| Casilla 53144, Correo 1 | | |
| Concha y Toro 17-C Santiago          CHILE | | |
| Instituto Antártico Chileno | Boletín antártico chileno | 7902010 |
| Casilla 16521, Correo 9 | Serie científica | 4912781 |
| Santiago          CHILE | | |
| Instituto de Chile Biblioteca | Anales | |
| Almirante Montt 454 | | |
| Clasificador 1349, Correo Central Santiago          CHILE | | |
| Instituto de Ingenieros de Minas de Chile | Minerales | 6188971 |
| Av. Bulnes 197, 6º Piso, Casilla 14668, Correo 21 | | |
| Santiago          CHILE | | |
| Instituto de Investigaciones Agropecuarias Estación Experimental Quilamapú | Investigación y progreso agropecuario Quilamapú | 013881798 |
| Vicente Méndez 515 | | |
| Chillán          CHILE | | |
| Instituto de la Patagonia Biblioteca | Anales del Instituto de la Patagonia | 18146248 |
| Av.Bulnes (Km. 4), Casilla de Correos 113 - D | | |
| Punta Arenas, Magallanes          CHILE | | |

| INSTITUTION AND ADDRESS | PUBLICATIONS AND OCLC NO. |
|---|---|
| Instituto Forestal | Indice del aserrío |
| | Exportaciones forestales chilenas |
| Huérfanos, 554, Casilla 3085 | 8462202 |
| Santiago            CHILE | |
| Instituto Forestal | Estadísticas forestales |
| | 5887198 |
| | Precios de productos forestales chilenas |
| Huérfanos, 554, Casilla 3085 | 29875208 |
| Santiago            CHILE | |
| Instituto Forestal | Boletín estadistico |
| Biblioteca | 22521743 |
| | Ciencia e investigacion forestal |
| Belgrado 11, Casilla 3085 | 20287991 |
| Santiago            CHILE | |
| Instituto Forestal | Informe técnico |
| Biblioteca | 1765003 |
| Belgrado 11, Casilla 3085 | |
| Santiago            CHILE | |
| Instituto Geográfico Militar | Revista geográfica de Chile |
| | 1641350 |
| CHILE | |
| Instituto Latinoamericano de Doctrina y | Persona y sociedad : Revista de ILADES |
| Estudios Sociales   ILADES | 19029044 |
| Almirante Barroso 6, Casilla 14446 Correo 21 | |
| Santiago            CHILE | |

| INSTITUTION AND ADDRESS | PUBLICATIONS AND OCLC NO. |
|---|---|

| INSTITUTION AND ADDRESS | PUBLICATIONS AND OCLC NO. | |
|---|---|---|
| Instituto Profesional de Santiago | Trilogía | |
| Biblioteca Central | | 19876133 |
| Casilla 9845, Correo Central | | |
| Santiago          CHILE | | |
| Instituto Professional de Osorno | Biota | |
| Hemeroteca | | 18953193 |
| Casilla 933 | | |
| Osorno          CHILE | | |
| Isis Internacional | Ediciones de las mujeres | |
| | | 20033153 |
| Casilla 2067, Correo Central | Mujeres en acción | |
| | | 26147806 |
| Santiago          CHILE | | |
| Liga Marítima de Chile | Mar | |
| Biblioteca | | 6383861 |
| Casilla N. 117-V, Avenida Errazuria 471, 2º piso | | |
| Valparaiso          CHILE | | |
| Mercado Moderno | Mercado moderno | |
| Los Leones 2435 | | |
| Santiago          CHILE | | |
| Ministerio de Agricultura | Agricultura técnica | |
| Instituto de Investigaciones Agropecuarias | | 5139410 |
| Casilla 439, Correo 3 | Bibliografía agrícola chilena | |
| | | 6572792 |
| Santiago          CHILE | | |

INSTITUTION AND ADDRESS          PUBLICATIONS AND OCLC NO.

| INSTITUTION AND ADDRESS | PUBLICATIONS AND OCLC NO. |
|---|---|
| Ministerio de Agricultura<br>Instituto de Investigaciones  Agropecuarias Biblioteca Central<br>Casilla 439, Correo 3<br><br>Santiago　　　　　　　　CHILE | Memoria del INIA<br><br>8875232 |
| Ministerio de Agricultura<br>Oficina de Planificación Agrícola  (ODEPA)<br><br>Teatinos  40 - 7 Piso<br><br>Santiago　　　　　　　　CHILE | Boletín agro-estadístico<br><br>4663576 |
| Ministerio de Educación - Centro de Perfeccionamiento<br> Experimentación e Investigaciones Pedagógicas<br><br>Casilla 16162, Correo 9<br><br>Santiago　　　　　　　　CHILE | English teaching newsletter - República de Chile<br> Ministerio de Educación　　　5052635<br>Revista de Educación<br><br>2266994 |
| Ministerio de Relaciones Exteriores<br>Academia Diplomática Andres Bello - Biblioteca<br><br>Catedral 1183<br>Palacio de la Moneda<br>Santiago　　　　　　　　CHILE | Diplomacia<br><br>3713112 |
| Museo Arqueológico La Serena<br>Biblioteca<br><br>Casilla 617<br><br>La Serena　　　　　　　　CHILE | Boletín<br><br>6066652 |
| Museo Chileno de Arte Precolombino<br>Biblioteca, Sección Canje y Donaciones<br><br>Bandera 361, Casilla 3687<br><br>Santiago　　　　　　　　CHILE | Boletín del Museo Chileno de Arte<br> Precolombino　　　　　　16813243<br>Mundo precolombino:revista del Museo  Chileno<br> de Arte Precolombino　　　31927646 |

| INSTITUTION AND ADDRESS | PUBLICATIONS AND OCLC NO. | |
|---|---|---|
| Museo de Historia Natural de<br>  Valparaíso<br><br>Casilla 3208, Correo 3<br>Condell 1546<br>Valparaíso          CHILE | Anales del Museo de Historia Natural<br>  de Valparaíso | 3885261 |
| Museo Nacional de Bellas Artes<br>Biblioteca  - Parque Forestal<br><br>Casilla 3209<br><br>Santiago          CHILE | Catálogos de exposiciones | |
| Museo Nacional de Historia Natural<br>Biblioteca<br><br>Casilla 787<br><br>Santiago          CHILE | Boletín<br><br>Publicaciones ocasionales del<br>  Museo Nacional de Historia Natural | 10438607 |
| Museo Nacional de Historia Natural<br>Biblioteca<br><br>Casilla 787<br><br>Santiago          CHILE | Noticiario mensual | 2267454 |
| Oficina de Planificación Nacional<br>Biblioteca<br><br>Casilla 9140<br>Ahumada 48, piso 4<br>Santiago          CHILE | Informe social<br><br>Cuentas nacionales de Chile | 3785224<br><br>16322773 |
| Oficina de Planificación Nacional<br>Biblioteca<br><br>Casilla 9140<br>Ahumada 48, piso 4<br>Santiago          CHILE | Informe sobre proyectos y estudios de<br>  inversión del sector público<br><br>Programas ministeriales | 9421986<br><br>2728163 |

| INSTITUTION AND ADDRESS | PUBLICATIONS AND OCLC NO. |
|---|---|
| Pontífica Universidad Católica de Chile<br>Departamento Economia Agrícola<br><br>Casilla 6177<br><br>Santiago        CHILE | Panorama ecomómico de la agricultura<br><br>14973643 |
| Pontífica Universidad Católica de Chile<br>Escuela de Ingeniería - Biblioteca D.I.C.T.U.C.<br><br>Vicuna Mackenna 4860, Casilla 306<br><br>Santiago 22        CHILE | Publicaciones de la Escuela de Ingeniería<br>14061486 |
| Pontífica Universidad Católica de Chile<br>Escuela de Ingeniería - Biblioteca D.I.C.T.U.C.<br><br>Vicuna Mackenna 4860, Casilla 306<br><br>Santiago 22        CHILE | Apuntes de ingeniería<br><br>2414052<br><br>Catálogo anual |
| Pontífica Universidad Católica de Chile<br>Facultad de Educación, Comisión de Publicaciones<br><br>J. Battle y Ordoñez 3300<br><br>Santiago        CHILE | Anales de la Facultad de Educación<br><br>15237199<br><br>Historia |
| Pontífica Universidad Católica de Chile<br>Instituto de Economía<br><br>Casilla 274-V, Correo 21<br><br>Santiago        CHILE | Cuadernos de economía<br><br>1589906<br><br>Documentos de trabajo<br><br>29803261 |
| Pontífica Universidad Católica de Chile<br>Instituto de Letras<br><br>Pte. Batlte y Ordoñez 3300<br>Casilla 6277, Correo 22<br>Santiago        CHILE | Taller de letras<br><br>1779299<br><br>Revista de trabajo social<br><br>26331861 |

| INSTITUTION AND ADDRESS | PUBLICATIONS AND OCLC NO. | |
|---|---|---|
| Pontífica Universidad Católica de Chile | Stylo | |
| Sistema de Bibliotecas - Sede Regional Temuco | | 2268222 |
| Casilla 15-D | | |
| Temuco          CHILE | | |
| Pontíficia Universidad Católica de Chile | Aisthesis | |
| Dir. Bibliotecas - Sección Canje | | 6509529 |
| Vicuña Mackenna 4860 | Anales de la Facultad de Educación | |
| | | 15237199 |
| Santiago          CHILE | | |
| Pontíficia Universidad Católica de Chile | Ciencia e investigacion agraria | |
| Dir. Bibliotecas - Sección Canje | | 2403413 |
| Vicuña Mackenna 4860 | Administración y economía UC | |
| | | 22257899 |
| Santiago          CHILE | | |
| Pontíficia Universidad Católica de Chile | Apuntes teatro | |
| Dir. Bibliotecas - Sección Canje | | 18364002 |
| Vicuña Mackenna 4860 | ARQ | |
| | | 11927072 |
| Santiago          CHILE | | |
| Pontíficia Universidad Católica de Chile | Documentos de trabajo (Instituto de Economía) | |
| Dir. Bibliotecas - Sección Canje | | 29803261 |
| Vicuña Mackenna 4860 | Cuadernos de información | |
| | | 11642259 |
| Santiago          CHILE | | |
| Pontíficia Universidad Católica de Chile | Panorama económico de la agricultura | |
| Dir. Bibliotecas - Sección Canje | | 14973643 |
| Vicuña Mackenna 4860 | | |
| Santiago          CHILE | | |

| INSTITUTION AND ADDRESS | PUBLICATIONS AND OCLC NO. |
|---|---|
| Pontíficia Universidad Católica de Chile<br>Dir. Bibliotecas - Sección Canje<br><br>Vicuña Mackenna 4860<br><br>Santiago                    CHILE | Revista de geografía Norte Grande<br>8381126<br><br>Revista de trabajo social<br>26331861 |
| Pontíficia Universidad Católica de Chile<br>Dir. Bibliotecas - Sección Canje<br><br>Vicuña Mackenna 4860<br><br>Santiago                    CHILE | Revista de ciencia política<br>1188521<br><br>Cuadernos de economía<br>1589906 |
| Pontíficia Universidad Católica de Chile<br>Facultad de Teología<br><br>Vicuña Mackenna 4860<br><br>Santiago                    CHILE | Teología y vida<br>1715270<br><br>Anales de la Facultad de Teología<br>5251682 |
| Pontíficia Universidad Católica de Chile<br>Instituto de Planificación del Desarrollo Urbano<br><br>Casilla 16002 Correo 9<br><br>Santiago                    CHILE | EURE: Revista latinoamericana de estudios<br>urbanos regionales          1789953 |
| Programa de Económico del Trabajo<br>Biblioteca<br><br>Santo Domingo 526<br><br>Santiago                    CHILE | Revista de economía y trabajo<br>28045491 |
| Programa de Seguimiento de las Políticas Exteriores<br>Latinoamericanas, PROSPEL<br><br>Luis Barros Valdés 810, entre M Montt y M Claro, alt. 800<br>alt. address: Casilla 14187, Sucursal 21<br>Santiago                    CHILE | Carta cronológica de las relaciones<br>internacionales chilenas          23169728<br>Anuario de políticas exteriores<br>latinoamericanas          14705834 |

| INSTITUTION AND ADDRESS | PUBLICATIONS AND OCLC NO. |
|---|---|
| Revista Chile Agrícola<br>Comunicación Científica para el Agricultor - Ganadero<br><br>Casilla 2<br><br>Santiago          CHILE | Chile agrícola<br><br>11799926 |
| Revista Chile hortofrutícola<br><br>Ave. Pedro/Valdivia 3196-C<br><br>Santiago          CHILE | Chile hortofrutícola<br><br>28608288 |
| Revista chilena de historia y geografía<br><br>Casilla 1386<br><br>Santiago de Chile          CHILE | Revista chilena de historia y geografía<br><br>1763866 |
| Revista Palabra de Mujer<br><br>Casilla 38, Correo 13<br><br>Santiago          CHILE | Palabra de mujer<br><br>29803756 |
| Servicio de Cooperación Técnica<br>  (SERCOTEC), Gerencia Estudios y Planificación<br><br>Huerfanos 1117 Piso 9, Casilla 276 - Correo 1<br><br>Santiago          CHILE | Perfiles técnico económicos de inversión |
| Servicio Nacional de Geología y Minería<br>  Biblioteca<br><br>Casilla 10465<br><br>Santiago          CHILE | Anuario de la minería de Chile<br><br>1554266<br><br>Revista geológica de Chile<br><br>3575257 |

| INSTITUTION AND ADDRESS | PUBLICATIONS AND OCLC NO. |
|---|---|
| Servicio Nacional de Geología y Minería<br>Biblioteca<br><br>Casilla 10465<br><br>Santiago      CHILE | Carta geológica de Chile<br>1554262<br><br>DIRECMIN: Directorio minero de Chile<br>30724089 |
| Servico Nacional de Pesca<br>Biblioteca<br><br>Yungay 1731, Piso 4<br><br>Valparaíso      CHILE | Anuario estadístico de pesca<br>3485821 |
| Sociedad Agronómica de Chile<br><br><br><br>Casilla 4109<br>Alonso Ovalle 1683<br>Santiago      CHILE | Simiente<br>2805125 |
| Sociedad Chilena de Entomología<br><br><br>Casilla 21131<br><br>Santiago      CHILE | Revista Chilena de entomología<br>1695858 |
| Sociedad de Biología de Concepción<br><br><br>Casilla 4006, Correo 3<br><br>Concepción      CHILE | Boletín de la Sociedad de Biología de<br>Concepción    1765725 |
| Sociedad Nacional de Agricultura<br><br><br><br>Casilla 40-D<br>Tenderini 187<br>Santiago      CHILE | El Campesino<br>5147048<br><br>Boletín económico y de mercado<br>24325083 |

| INSTITUTION AND ADDRESS | PUBLICATIONS AND OCLC NO. | |
|---|---|---|
| Superintendencia de Bancos e Instituciones Financieras | Información financiera | 4928337 |
| Moneda No. 1123 - 6 piso | Recopilación de isntrucciones | 2686291 |
| Casilla 15-D | | |
| Santiago              CHILE | | |
| Universidad Academia de Humanismo Cristiano | Revista chilena de derechos humanos | 13018325 |
| Casa Central | | |
| Alonso Ovalle 1475 | | |
| Santiago              CHILE | ' | |
| Universidad Arturo Prat | Nuestro norte | |
| Servicio Biblioteca | | |
| Casilla 51-D | Revista de investigaciones científicas y tecnológicas | 27102696 |
| Iquique              CHILE | | |
| Universidad Austral de Chile | Estudios filológicos | 1771955 |
| Facultad de Filosofia y Humanidades | | |
| Casilla 567 ó Casilla 39- A | Medio ambiente | 2924933 |
| Valdivia              CHILE | | |
| Universidad Católica de Valparaíso | Revista de derecho de la Universidad Católica de Valparaíso | 6149479 |
| Facultad de Derecho - Biblioteca | | |
| Avenida Brasil 2950, Casilla 4059 | Proyección universitaria | |
| Valaparaíso              CHILE | | |
| Universidad Católica de Valparaíso | Revista ciencias sociales | |
| Facultad de Derecho - Biblioteca | | |
| Avenida Brasil 2950, Casilla 4059 | Revista de estudios histórico-jurídicos | 2969768 |
| Valaparaíso              CHILE | | |

| INSTITUTION AND ADDRESS | PUBLICATIONS AND OCLC NO. |
|---|---|
| Universidad Católica de Valparaíso<br>Instituto de Geografía - Biblioteca Fundación Isabel Caces de Brown<br>Avenida Brasil 2950, Casilla 4059<br><br>Valaparaíso    CHILE | Revista geográfica de Valparaíso<br><br>3861098 |
| Universidad Católica de Valparaíso<br>Instituto de Historia<br><br>Avenida Brasil 2950<br><br>Valaparaíso    CHILE | Monografías históricas<br><br>22256484 |
| Universidad Católica de Valparaíso<br>Instituto de Lengua y Literatura<br><br>Avenida Brasil 2950, Casilla 4059<br><br>Valaparaíso    CHILE | Signos: Estudios de lengua y literatura<br>2959106<br><br>Revista geográfica de Valparaíso<br><br>3861098 |
| Universidad Católica del Norte<br>Unidad de Biblioteca y Documentación<br><br>Avenida Angamos 0610, Casilla 1280<br><br>Antofagasta    CHILE | Estudios Atacameños<br><br>2479635 |
| Universidad de Antofagasta<br>Biblioteca Especializada en Ciencias y Tecnología del Mar<br>Casilla 170<br><br>Antofagasta    CHILE | La Publicación<br><br>Estudios oceanológicos<br><br>4890411 |
| Universidad de Antofagasta<br>Biblioteca Especializada en Ciencias y  Tecnología del Mar<br>Casilla 170<br><br>Antofagasta    CHILE | Resúmenes de semenarios de títulos<br><br>Innovación |

| INSTITUTION AND ADDRESS | PUBLICATIONS AND OCLC NO. |
|---|---|
| Universidad de Antofagasta<br>Instituto de Investigaciones Antropológicas - Biblioteca de Antropología<br>Casilla 170<br><br>Antofagasta          CHILE | Hombre y desierto, una perspectiva cultural          19095574 |
| Universidad de Chile<br>Biblioteca Central - Departamento de Canje<br><br>Casilla 10-D<br><br>Santiago          CHILE | Anales de la Universidad de Chile<br>          1554269<br><br>Cuadernos de la Universidad de Chile<br>          9648506 |
| Universidad de Chile<br>Biblioteca Central - Departamento de Canje<br><br>Casilla 10-D<br><br>Santiago          CHILE | Cuadernos de historia<br>          9353964 |
| Universidad de Chile<br>Centro de Estudios Entomológicos - Facultad de Filosofía y Educación<br>Casilla 147<br><br>Santiago          CHILE | Acta entomológica chilena<br>          18101594 |
| Universidad de Chile<br>Departamento de Derecho Público<br><br>Pío Nono 1<br>Casilla 94, Correo 22<br>Santiago          CHILE | Revista de derecho público<br>          6345078 |
| Universidad de Chile<br>Departamento de Linguistica<br><br>Casilla 147<br><br>Santiago          CHILE | Boletín de filológia<br>          19333773 |

| INSTITUTION AND ADDRESS | PUBLICATIONS AND OCLC NO. | |
|---|---|---|
| Universidad de Chile<br>Departamento de Microbiología y Parasitlolgía<br><br>Casilla 9183<br><br>Santiago        CHILE | Boletín chileno de parasitología | 2574319 |
| Universidad de Chile<br>Facultad de Artes<br><br>Compañia 1264, Casilla 2100<br><br>Santiago        CHILE | Revista musical chilena | 1590560 |
| Universidad de Chile<br>Facultad de Ciencias Económicas y Admin., Biblioteca<br><br>Casilla 438, Correo 3<br><br>Santiago        CHILE | Comentarios sobre la situación económica<br>Taller de coyuntura<br>Estudios de economía | 3083851<br><br>2350448 |
| Universidad de Chile<br>Facultad de Ciencias Económicas y Admin., Biblioteca<br><br>Casilla 438, Correo 3<br><br>Santiago        CHILE | Contabilidad teoria y práctica<br><br>Facultad de Ciencias Económicas y<br>Administrativas - Univ. de Chile | 21982716 |
| Universidad de Chile<br>Facultad de Ciencias Económicas y Admin. ,Biblioteca<br><br>Casilla 438, Correo 3<br><br>Santiago        CHILE | Ocupación y desocupación en el Gran<br>Santiago<br>Ocupación y desocupación sectores urbanos de las<br>regiones IV a X excepto Gran Santiago | 10956080<br><br>8269106 |
| Universidad de Chile<br>Facultad de Ciencias Económicas y Admin. ,Biblioteca<br><br>Casilla 438, Correo 3<br><br>Santiago        CHILE | Ocupación y desocupación encuesta<br>nacional | 8272731 |

| INSTITUTION AND ADDRESS | PUBLICATIONS AND OCLC NO. | |
|---|---|---|
| Universidad de Chile<br>Facultad de Ciencias Económicas y Administrativas, Depto. Administración<br>Diagonal Paraguay, 257 - Of. 1106<br>Casilla 438, Correo 3<br>Santiago　　　　　CHILE | Paradigmas en administración<br><br>Estudios de economia | 18526291<br><br>2350448 |
| Universidad de Chile<br>Facultad de Ciencias Físicas y Matemáticas, Bibl. Central<br><br>Beauchef 850, Casilla 2777<br><br>Santiago　　　　　CHILE | Memorias de título y tesis de grado<br>por especialidad y mención | 27155581 |
| Universidad de Chile<br>Facultad de Ciencias Físicas y Matemáticas - Centro de Estudios<br>Casilla 13518 - Correo 21<br><br>Santiago　　　　　CHILE | Comunicaciones: Una revista de<br>geología andina | 8795228 |
| Universidad de Chile<br>Facultad de Filosofía, Humanidades y Educación - Biblioteca Central - Sección Canje<br>Casilla 10136<br>Alt. address: Av. Larrain 9925 - La Reina<br>Santiago　　　　　CHILE | Revista chilena de humanidades<br><br>Revista de filosofía | 9924408<br><br>7157885 |
| Universidad de Chile<br>Facultad de Filosofía, Humanidades y Educación - Biblioteca Central - Sección Canje<br>Casilla 10136<br><br>Santiago　　　　　CHILE | Revista chilena de literatura<br><br>Revista chilena de antropología | 1763867<br><br>13147853 |
| Universidad de Chile<br>Instituto de Ciencia Política<br><br>Calle Maria Guerrero<br><br>Santiago　　　　　CHILE | Política<br><br>Cuadernos de ciencia política | 9487642<br><br>11608261 |

| INSTITUTION AND ADDRESS | PUBLICATIONS AND OCLC NO. |
|---|---|
| Universidad de Chile<br>Instituto de Estudios Internacionales<br><br>Condell 249, Casilla 14187 - Sucursal 21<br><br>Santiago　　　　　　　CHILE | Estudios internacionales, revista del Instituto<br>1568286 |
| Universidad de Concepción<br>Canje y Donacion, Biblioteca Central<br><br>Casilla 1807<br><br>Concepción　　　　　　　CHILE | Revista de derecho<br>8150883<br><br>Atenea: Ciencia, arte y literatura<br>2934458 |
| Universidad de Concepción<br>Canje y Donacion, Biblioteca Central<br><br>Casilla 1807<br><br>Concepción　　　　　　　CHILE | Acta literaria<br>3959569<br><br>Economía y administración<br>1567371 |
| Universidad de Concepción<br>Departamento de Zoologia - Comite Editor Gayana<br><br>Casilla 2407 - Apartado 10<br><br>Concepción　　　　　　　CHILE | Gayana - bótanica<br>1441761<br><br>Gayana - zoología<br>1424321 |
| Universidad de Concepción<br>Facultad de Ciencias Biológicas y Recursos Naturales<br><br>Casilla 2407, Apartado 10<br><br>Concepción　　　　　　　CHILE | Boletín de la Sociedad de Biología<br>　de Concepción　　　1765725 |
| Universidad de Concepción<br>Facultad de Educación, Humanidades y Arte -<br>Administración<br>Casilla 82 - C, Correo 3<br><br>Concepción　　　　　　　CHILE | Acta Literaria<br>3959569 |

| INSTITUTION AND ADDRESS | PUBLICATIONS AND OCLC NO. |
|---|---|

| INSTITUTION AND ADDRESS | PUBLICATIONS AND OCLC NO. | |
|---|---|---|
| Universidad de la Frontera<br>Instituto de Estudios Indígenas<br><br>Casilla 54-D<br><br>Temuco                    CHILE | Pentukun | |
| Universidad de la Frontera<br>Proyecto OEA/UFRO - Centro de Documentación<br><br>Cender, Casilla 54-D<br><br>Temuco                    CHILE | Revista frontera<br><br>Serie aportes | 17239235 |
| Universidad de la Serena<br>Biblioteca Irma Salas S., Hemeroteca<br><br>Anfión Muñoz 875<br><br>La Serena                    CHILE | Revista temas de educación | 22883712 |
| Universidad de la Serena<br>Facultad de Humanidades - Director Revista LOGOS<br><br>Casilla 599<br><br>La Serena                    CHILE | LOGOS | 22832730 |
| Universidad de Magallanes<br>Instituto de la Patagonía - Biblioteca<br><br>Casilla 113--D, Avenida Bulnes KM. 4 Norte<br><br>Punta Arenas                    CHILE | Anales del Instituto de la Patagonia<br> Ser. Ciencias Naturales<br><br>Anales del Instituto de la Patagonia<br> Ser. Ciencias Sociales | 18146248<br><br>18146180 |
| Universidad de Playa Ancha de Ciencias de Educación<br> Biblioteca - Depto. Selección, Adquisición y Canje<br><br>Avenida Playa Ancha 850, Casilla 34 - V<br><br>Valparaíso                    CHILE | Faro<br><br>Notas históricas y geográficas | 20521158 |

| INSTITUTION AND ADDRESS | PUBLICATIONS AND OCLC NO. | |
|---|---|---|
| Universidad de Playa Ancha de Ciencias de Educación<br>Biblioteca - Depto. Selección, Adquisición y Canje<br><br>Avenida Playa Ancha 850, Casilla 34 - V<br><br>Valparaíso                                CHILE | Nueva revista del Pacifico<br><br>Revista diálogos educacionales | 4814790<br><br>19034264 |
| Universidad de Santiago de Chile<br>Biblioteca Central - Sección Canje y Donación<br><br>Casilla 4637, Correo 2<br><br>Santiago                                CHILE | Contribuciones científicas y<br>    tecnológicas<br>Area ambiente | 8942957<br><br>12818110 |
| Universidad de Santiago de Chile<br>Biblioteca Central - Sección Canje y Donación<br><br>Casilla 4637, Correo 2<br><br>Santiago                                CHILE | Area economía<br><br>Area física | 18999839<br><br>12822852 |
| Universidad de Santiago de Chile<br>Biblioteca Central - Sección Canje y Donación<br><br>Casilla 4637, Correo 2<br><br>Santiago                                CHILE | Area geociencias<br><br>Area ingeniería mécanica | 11093425<br><br>18996344 |
| Universidad de Santiago de Chile<br>Biblioteca Central - Sección Canje y Donación<br><br>Casilla 4637, Correo 2<br><br>Santiago                                CHILE | Area ingeniería química<br><br>Area matemáticas | 3580655<br><br>3703416 |
| Universidad de Santiago de Chile<br>Biblioteca Central - Sección Canje y Donación<br><br>Casilla 4637, Correo 2<br><br>Santiago                                CHILE | Area robótica | 18542404 |

| INSTITUTION AND ADDRESS | PUBLICATIONS AND OCLC NO. |
|---|---|
| Universidad de Talca | Minerales |
| Dirección de Bibliotecas, Canje y Donación | 6188971 |
| Casilla 721 -747 | Universum |
| | 30658971 |
| Talca  CHILE | |
| Universidad de Talca | Panorama socioeconómico |
| Dirección de Bibliotecas, Canje y Donación | |
| Casilla 721 -747 | |
| Talca  CHILE | |
| Universidad de Tarapacá | IDESIA |
| Biblioteca - Sección Canje | 3333331 |
| Casilla 7-D | |
| Arica  CHILE | |
| Universidad de Tarapacá | Revista Chungara |
| Instituto de Antropología y Arqueología | 5244964 |
| Casilla 287 | |
| Arica  CHILE | |
| Universidad de Valparaíso | Publicaciones ocasionales |
| Instituto de Oceanología | 10515322 |
| Casilla 12-D | |
| Valparaiso  CHILE | |
| Universidad de Valparaiso | Revista de biología marina |
| Instituto de Oceanología - Montemar | 2549008 |
| Casilla 13-D-D | |
| Viña del Mar  CHILE | |

| INSTITUTION AND ADDRESS | PUBLICATIONS AND OCLC NO. | |
|---|---|---|
| Universidad del Bio-Bio<br>Facultad de Educación - Depto. de Historia y Geografía<br><br>Casilla 447<br><br>Chillan                CHILE | Revista tiempo y espacio<br><br>Teoria (Universidad del Bio-Bio) | |
| Universidad del Norte<br>Biblioteca<br><br>Casilla 1280, Avenida Angamos 0610<br><br>Antofagasta                CHILE | Informativo BIDOC | |
| Universidad La Serena<br>Departamento de Educación Facultad de Humanidades<br><br>Casilla 599<br><br>La Serena                CHILE | Revista temas de educación | 22883712 |
| Universidad Metropolitana de Ciencias de la Educación<br>Bibl. Central, Secc. Referencia y Hermeroteca<br><br>Av. José Pedro Alessandri, 774, Casilla 147 Correo<br><br>Santiago                CHILE | Dimensión histórica de Chile | 12626180 |
| Universidad Técnica Federico Santa María<br>Biblioteca Central<br><br>Casilla 110-V<br><br>Valparaíso                CHILE | Scientia Series A: Mathematical<br>Sciences | 29261981 |
| Academia Colombiana<br><br>•<br><br>Carrera 3 no. 17-34, Apartado Aereo 13.922<br><br>Bogotá                COLOMBIA | Boletín de la Academia Colombiana | 1460605 |

| INSTITUTION AND ADDRESS | PUBLICATIONS AND OCLC NO. |
|---|---|
| Academia Colombiana de Ciencias Exactas,<br> y Naturales - Biblioteca<br><br>Apartado Aereo 44.763<br>Carrera 3A, no. 17-34, piso 3<br>Bogotá　　　　　　COLOMBIA | Revista de la Academia<br><br>1460606 |
| Academia Colombiana de Historia<br> Seccion de Canje, Biblioteca Eduardo Santos<br><br>Calle 10, no. 8-95, Apartado Aéreo 14428<br><br>Bogotá　　　　　　COLOMBIA | Biblioteca de historia eclesiástica<br> Fernando Caycedo y Flórez　　17606360 |
| Academia Colombiana de Historia<br> Seccion de Canje, Biblioteca Eduardo Santos<br><br>Calle 10, no. 8-95, Apartado Aéreo 14428<br><br>Bogotá　　　　　　COLOMBIA | Biblioteca de historia nacional de Bogotá<br>1532779<br><br>Boletín de historia y antiguedades<br>1606508 |
| Acerias Paz del Rio, S.A.<br>Biblioteca Técnica<br><br>Apartado Postal 4260<br><br>Bogatá, D.C.　　　　　　COLOMBIA | Informe anual<br><br>29875282 |
| Analísis Sectorial<br><br><br>Calle 36, No.7-47, Piso 12<br><br>Bogotá　　　　　　COLOMBIA | Boletín de asuntos económicos<br><br>5057651 |
| Archivo Histórico de Antioquia<br><br><br>Carrera 64, no. 50-32<br><br>Medellín　　　　　　COLOMBIA | Archivos de Antioquia<br><br>15025665<br><br>Serie documentos |

| INSTITUTION AND ADDRESS | PUBLICATIONS AND OCLC NO. | |
|---|---|---|
| Asociación Colombiana de Técnicos de Acabados "ALCOTEX" | Colombia textil | 6572937 |
| Apartado Aereo 2026 CI 49B 63-21, Oficina 401 ed. Camacol Medellin          COLOMBIA | | |
| Asociación Colombiana para el Avance de la Ciencia | Innovación y ciencia | 31125735 |
| Carrera 50 No. 27-70, Edificio Camilo Torres, Bloque C Bogotá          COLOMBIA | | |
| Asociación Nacional de Industriales  ANDI - Biblioteca | Revista ANDI | 5184935 |
| Apartado Aéreo 997 Edificio  Coltejer Medellín          COLOMBIA | | |
| Banco de Información Forestal CONIF Corporación Nacional de Investigación y Fomento Forestal Apartado Aéreo 091676 Bogotá          COLOMBIA | CONIF Informa | |
| Banco de la República Biblioteca Luis Angel Arango, Sección Canje y Donac. | Boletin (Museo de Oro) | 503193 |
| Calle 11, No 4-14, Barrio de la Candelaria Apartado 12362 Bogotá, D.C.          COLOMBIA | Boletin cultural y bibliográfico | 2477185 |
| Banco de la República Biblioteca Luis Angel Arango, Sección Canje y Donaciones | Informe anual | 6309614 |
| Calle 11, No 4-14, Barrio de la Candelaria Apartado 12362 Bogotá, D.C.          COLOMBIA | Revista del Banco de la  República | 2052647 |

| INSTITUTION AND ADDRESS | PUBLICATIONS AND OCLC NO. |
|---|---|
| Banco de la República<br>Biblioteca Luis Angel Arango- Sección Canje y Donaciones<br>Calle 11, No 4-14, Barrio de la Candelaria<br>Apartado 12362<br>Bogotá　　　　　COLOMBIA | Boletín de arqueología<br>　　　　15161341<br><br>Informe anual del Gerente a la<br>Junta Directiva　　　3499062 |
| Banco de la República<br>Biblioteca Luis Angel Arango- Sección Canje y Donaciones<br>Calle 11, No 4-14, Barrio de la Candelaria<br>Apartado 12362<br>Bogotá　　　　　COLOMBIA | Ensayos sobre política económica: documentos de<br>trabajo　　　9152030<br>Historia como noticia<br>　　　　25529602 |
| Banco de la República<br>Biblioteca Luis Angel Arango- Sección Canje y Donaciones<br>Calle 11, No 4-14, Barrio de la Candelaria<br>Apartado 12362<br>Bogotá　　　　　COLOMBIA | Publicaciones de la Fundación de<br>　Investigaciones Arqueológicas　8834569 |
| Biblioteca Central Fuerzas Militares<br>Tomás Rueda<br><br>Carrera 47, no. 81-50<br>Apartado Aereo 89717<br>Bogotá　　　　　COLOMBIA | Revista de las Fuerzas Armadas<br>　　　　15505180 |
| Biblioteca Nacional de Colombia<br>Canje, Selección y Adquisiciones<br><br>Apartado Aéreo 27600<br>Calle 24, no.5-60<br>Bogotá　　　　　COLOMBIA | Gaceta COLCULTURA<br>　　　　3584450<br>Bogotá y Santa fé<br>　　　　21099422 |
| Biblioteca Nacional de Colombia<br>Canje, Selección y Adquisiciones<br><br>Apartado Aéreo 27600<br>Calle 24, no.5-60<br>Bogotá　　　　　COLOMBIA | Memoria ( Ministerio de Agricultura)<br>　　　　31276370<br>Memoria al Congreso Ministeria de<br>Relaciones Exteriores　18404064 |

| INSTITUTION AND ADDRESS | PUBLICATIONS AND OCLC NO. | |
|---|---|---|
| Biblioteca Nacional de Colombia<br>Canje, Selección y Adquisiciones<br><br>Apartado Aéreo 27600<br>Calle 24, no.5-60<br>Bogotá    COLOMBIA | Memoria al Congreso Ministerio de<br>Trabajo y Seguridad Social<br><br>Memoria de Obras Públicas y Transporte | 21398679<br><br>20288475 |
| Biblioteca Nacional de Colombia<br>Canje, Selección y Adquisiciones<br><br>Apartado Aéreo 27600<br>Calle 24, no.5-60<br>Bogotá    COLOMBIA | Menorah<br><br>Revista de extensión cultural | 6668547<br><br>4360903 |
| Biblioteca Nacional de Colombia<br>Canje, Selección y Adquisiciones<br><br>Apartado Aéreo 27600<br>Calle 24, no.5-60<br>Bogotá    COLOMBIA | Senderos | 29205666 |
| Biblioteca Pública Municipal Gabriel Turbay<br><br>Calle 30 No. 26-117, Parque de los Niños, Apartado 2105<br><br>Bucaramanga    COLOMBIA | La Biblioteca | 4881001 |
| Bolsa de Bogotá<br><br>Carrera 8ª, No. 13-82 - Piso 8<br>Apartado Aereo 3584<br>Bogotá    COLOMBIA | Boletín trimestral<br><br>Carta mensual | 3212885<br><br>26699721 |
| Bolsa de Bogotá<br><br>Carrera 8ª, No. 13-82 - Piso 8<br>Apartado Aereo 3584<br>Bogotá    COLOMBIA | Informe anual<br><br>Informe estadístico | 26268450<br><br>6020080 |

| INSTITUTION AND ADDRESS | PUBLICATIONS AND OCLC NO. | |
|---|---|---|
| Cámara de Comercio de Bogotá<br>Centro de Información Económica<br><br>Carrera 9ª, No. 16-21, Apartado Aéreo 29824<br><br>Bogotá  COLOMBIA | Servicio informativo<br><br><br>Revista- Camara de Comercio de Bogotá | 28129750<br><br>28129750 |
| Cámara de Comercio de Medellín<br>Centro de Documentación<br><br>Apartado Aéreo 1894<br><br>Medellín  COLOMBIA | Revista Antioqueña de economía y<br>desarrollo<br>Cifras | 29307272<br><br>12561659 |
| Centro Antropológico Colombiano Ethnia<br><br><br>Apartado Aereo 10511, Calle 34- No. 6-61, 3º Piso<br><br>Santa Fe de Bogotá, D.C.  COLOMBIA | Ethnia<br><br>Katxa-ta | 8391745<br><br>3926718 |
| Centro Antropológico Colombiano Ethnia<br><br><br>Apartado Aereo 10511, Calle 34- No. 6-61, 3º Piso<br><br>Santa Fe de Bogotá, D.C.  COLOMBIA | Revista de misiones | 5254149 |
| Centro de Estudios Históricos Regionales<br>del Surroccidente Colombiano<br><br>Apartado Aereo 025022<br><br>Cali  COLOMBIA | Región:  Revista del Centro de Estudios<br>Históricos Regionales | 32541457 |
| Centro de Información de la  Industria Petrolera<br> CIIP<br><br>Apartado Aéreo 6521<br><br>Bogotá, D.E.  COLOMBIA | Boletín informativo | |

|---|---|
| Centro de Investigación de la Caña de Azucar de Colombia,CENICANA -- Biblioteca<br><br>Apartado Aéreo 9138<br><br>Cali　　　　　　　　COLOMBIA | Boletín de adquisición<br><br>Carta trimestral |
| Centro de Investigación y Educación Popular CINEP<br><br>Apartado Aéreo 25916 Carrera 5ª No. 33A-08<br><br>Bogotá　　　　　　　　COLOMBIA | Cien días<br>21275900<br><br>Controversia<br>20349718 |
| Centro de Investigación y Educación Popular　CINEP<br><br>Apartado Aéreo 25916 Carrera 5ª, No.33A-08<br><br>Bogotá　　　　　　　　COLOMBIA | CINEP Informa<br>21357362 |
| Centro de Investigación y Educación Popular CINEP<br><br>Apartado Aéreo 25916 Carrera 5ª No. 33A-08<br><br>Bogotá　　　　　　　　COLOMBIA | Analísis<br>21320787<br><br>Universitas<br>1512369 |
| Centro Internacional de Agricultura Tropical　(CIAT) - Biblioteca - Sección Canje<br><br>Apartado Aereo 6713<br><br>Cali　　　　　　　　COLOMBIA | Abstracts on Cassava (Manihot　esculenta Crantz)　8388081<br>Abstracts on Field Beans (Phaseolus　vulgaris L.)　3361671 |
| Centro Internacional de Agricultura Tropical CIAT - Biblioteca- Sección Canje<br><br>Apartado Aereo 6713<br><br>Cali　　　　　　　　COLOMBIA | CIAT international<br>9838094<br><br>CIAT report<br>13422667 |

| INSTITUTION AND ADDRESS | PUBLICATIONS AND OCLC NO. |
|---|---|
| Centro Internacional de Agricultura Tropical<br>CIAT - Biblioteca - Sección Canje<br><br>Apartado Aereo 6713<br><br>Cali COLOMBIA | Tropical Pastures Program : Annual Report<br>7219044<br><br>Bean Program Annual Report<br>7235175 |
| Centro Internacional de Agricultura Tropical<br>CIAT - Biblioteca- Sección Canje<br><br>Apartado Aereo 6713<br><br>Cali COLOMBIA | Pasturas tropicales<br>18422124<br><br>Resúmenes sobre pastos tropicales<br>24661829 |
| Centro Nacional de Investigaciones de Café<br>Biblioteca, Centro de Documentación<br><br>Apartado Aereo 2427<br><br>Chinchina, Caldas COLOMBIA | Anuario meteorológico<br>3467067<br><br>Revista Cenicafé<br>5920218 |
| Centro Nacional de Investigaciones de Café<br>Biblioteca, Centro de Documentación<br><br>Apartado Aereo 2427<br><br>Chinchina, Caldas COLOMBIA | Resumenes de café<br>21336171 |
| Centro para la Investigación de la Cultura Negra<br><br><br>Apartado Aéreo 2363<br>Avda. 19, no.4-71, oficina 236<br>Bogotá COLOMBIA | Informaciones trimestrales |
| COLCIENCIAS<br>División Biblioteca y Documentación<br><br>Transversal 9A No. 133-28, Apartado Aéreo 051580<br><br>Bogotá COLOMBIA | Boletín, red agricultura<br><br>Colombia, ciencia y tecnología<br>11055280 |

INSTITUTION AND ADDRESS PUBLICATIONS AND OCLC NO.

| INSTITUTION AND ADDRESS | PUBLICATIONS AND OCLC NO. | |
|---|---|---|
| COLCIENCIAS | Carta de COLCIENCIAS | |
| División Biblioteca y Documentación | | 5295695 |
| Transversal 9A No. 133-28, Apartado Aéreo 051580 | Ciencia tecnología y desarrollo | |
| | | 4105284 |
| Bogotá COLOMBIA | | |
| Contraloría General de la República | Economía colombiana, serie documentos | |
| Fondo de Publicaciones | | 15116249 |
| Carrera 7A, no. 6-45, Oficina 126A | | |
| Bogotá COLOMBIA | | |
| Contraloría General del Tolima | El Tolima | |
| | | 26961499 |
| Apartado Aereo 214 | | |
| Ibague COLOMBIA | | |
| Corporación Colombiana para la Amazonia | Colombia amazónica | |
| Centro de Documentación y Divulgación | | 10618676 |
| Calle 20, No. 5-44, Apartado Aéreo 034174 | | |
| Bogotá, D.C. COLOMBIA | | |
| Corporación Financiera Colombiana S.A. | Informe del Presidente y de la Junta Directiva | 11824003 |
| Apartado Aereo 11843 | | |
| Bogotá, D.C. COLOMBIA | | |
| Corporación Nacional de Turismo | Crónica turística | |
| Calle 28, no. 13A-15, piso 16 | | |
| Bogotá COLOMBIA | | |

| INSTITUTION AND ADDRESS | PUBLICATIONS AND OCLC NO. |
|---|---|
| Corte Constitucional<br>Relatoria<br><br>Calle 72, no.7-96<br><br>Bogotá                    COLOMBIA | Gaceta de la Corte Constitucional<br><br>32158460 |
| Departamento Administrativo<br>  Nacional de Estadística,DANE  - Biblioteca<br><br>Apartado Aéreo 80043, Avenida Eldorado, C.A.N.<br><br>Bogotá, D.E.              COLOMBIA | Memoria al Congreso Nacional<br><br>31191013 |
| Departamento Administrativo<br>  Nacional de Estadística,DANE - Biblioteca<br><br>Apartado Aéreo 80043, Avenida Eldorado, C.A.N.<br><br>Bogotá, D.E.              COLOMBIA | Colombia estadística<br><br>7657294<br><br>Boletín de estadística<br><br>12428031 |
| Departamento Administrativo<br>  Nacional de Estadística,DANE  - Biblioteca<br><br>Apartado Aéreo 80043, Avenida Eldorado, C.A.N.<br><br>Bogotá, D.E.              COLOMBIA | Indicadores de coyuntura<br><br>17283881<br><br>Cuentas nacionales de Colombia<br><br>4789065 |
| Departamento Administrativo<br>  Nacional de Estadística,DANE  - Biblioteca<br><br>Apartado Aéreo 80043, Avenida Eldorado, C.A.N.<br><br>Bogotá, D.E.              COLOMBIA | Anuario de industria manufacturera<br><br>15745577 |
| Departamento Nacional de Planeación<br>Biblioteca<br><br>Calle 26, No. 13-19, entrepiso<br><br>Bogotá                    COLOMBIA | Revista de Planificación y<br>  Desarrollo<br><br>7222223<br><br>Gaceta D.N.P.<br><br>14916381 |

| INSTITUTION AND ADDRESS | PUBLICATIONS AND OCLC NO. |
|---|---|
| Empresas Públicas de Medellin<br>Seccion Biblitoecas<br><br>Apartado Aereo 940<br><br>Medellin　　　　　　　COLOMBIA | Revista Empresas Públicas de Medellin<br><br>30212152 |
| Escuela Superior de Administración Pública<br>Biblioteca<br><br>Diagonal 40, no.46A-37<br><br>Bogotá　　　　　　　COLOMBIA | Administración y desarrollo<br><br>10692193 |
| Escuela Superior de Mercadotecnía<br><br><br>Calle 76, no.80-126 Carretera al Mar<br>Apartado Aereo 51822<br>Medellin　　　　　　　COLOMBIA | MERCATEC<br><br>9293580 |
| Federación Colombiana de Industrias Metalúrgicas<br>　Departamento de Divulgación<br><br>Apartado Aéreo 10262<br><br>Bogotá, D.E.　　　　　COLOMBIA | Anuario metal<br><br>28983051<br><br>Carta metalúrgica<br><br>5162908 |
| Federación Colombiana de Industrias Metalúrgicas<br>　Departamento de Divulgación<br><br>Apartado Aéreo 10262<br><br>Bogotá, D.E.　　　　　COLOMBIA | La industria metalúrgica y metal-mecánica<br>colombiana en cifras　　20582568 |
| Federación Lationamericana de Bancos<br>Felaban<br><br>Apartado Aereo 13997<br><br>Bogotá, D.C.　　　　　COLOMBIA | Revista de la Federación Latinoamericano de<br>Bancos　　　　　8677974 |

| INSTITUTION AND ADDRESS | PUBLICATIONS AND OCLC NO. | |
|---|---|---|
| Federación Nacional de Cafeteros de Colombia | Cenicafé | |
| Centro de Documentación | | 5920218 |
| Apartado Aéreo 57534 | Revista Cafetera de Colombia | |
| | | 2409140 |
| Bogotá, D.E. 1          COLOMBIA | | |
| Federación Nacional de Cafeteros de Colombia | Economía cafetera | |
| Centro de Documentación | | 2241577 |
| Apartado Aéreo 57534 | Ensayos sobre economía cafetera | |
| | | 19348955 |
| Bogotá, D.E. 1          COLOMBIA | | |
| Federación Nacional de Cafeteros de Colombia | Informe del gerente general al Congreso | |
| Centro de Documentación | Nacional de Cafeteras | 27316021 |
| Apartado Aéreo 57534 | | |
| Bogotá, D.E. 1          COLOMBIA | | |
| Fondo Colombiano de Investigaciones Cientificas y | see COLCIENCIAS | |
| Proyectos Especiales - División de Documentación | | |
| Apartado Aereo 051580 , Transversal 9A No. 133-28 | | |
| Santa Fe de Bogotá, D.C.          COLOMBIA | | |
| Fondo de Promoción de Exportaciones | Colombia exporta | |
| | | 10916067 |
| Calle 28, no.13-A-15 piso 41 | Boletín informativo | |
| Apartado Aereo 240092 | | 4987989 |
| Bogotá          COLOMBIA | | |
| Fundación Antioqueña para los Estudios Sociales | Revista estudios sociales | |
| (FAES) - Unidad de Información | | 1097198 |
| Carrera 45, No. 59-77, Apartado Aéreo 8650 | | |
| Medellín          COLOMBIA | | |

| INSTITUTION AND ADDRESS | PUBLICATIONS AND OCLC NO. | |
|---|---|---|
| Fundación de Investigaciones Arqueológicas Nacionales - Banco de la República | Serie Fundación de Investigaciones Arqueológicas | 15161341 |
| Calle 11, no. 4-93 (Casa de la Moneda) | | |
| Bogotá, D.C.                    COLOMBIA | | |
| Fundación Universitaria Autónoma de Colombia | Nueva frontera | 3182654 |
| Apartado Aéreo 1217 | Gaceta judicial (Corte Suprema) | 28392378 |
| Bogotá                          COLOMBIA | | |
| Fundación Universitaria de Manizales FUNDEMA | Asuntos de economía | 30128338 |
| Carrera 9 No. 19-03, Apartado Aéreo 868 | | |
| Manizales (Caldas)              COLOMBIA | | |
| Instituto Caro y Cuervo Departamento de Biblioteca | Anuario bibliografico colombiano | 6419517 |
| Apartado Aéreo 51502 | Publicaciones del Instituto Caro Y Cuervo | 8784495 |
| Bogotá, D.C.                    COLOMBIA | | |
| Instituto Caro y Cuervo Departamento de Biblioteca | Thesaurus, boletín del Instituto Caro y Cuervo | 1767437 |
| Apartado Aéreo 51502 | Cuadernos del Semanario Andrés Bello | 5367821 |
| Bogotá, D.C.                    COLOMBIA | | |
| Instituto Caro y Cuervo Departamento de Biblioteca | Noticias culturales | 2265252 |
| Apartado Aéreo 51502 | | |
| Bogotá, D.C.                    COLOMBIA | | |

| INSTITUTION AND ADDRESS | PUBLICATIONS AND OCLC NO. | |
|---|---|---|
| Instituto Colombiano Agropecuario<br>Biblioteca Agropecuaria de Colombia  ICA Tibaitata | ICA Informa | 4674051 |
| Apartado Aereo 151123<br>Calle 37, no.8-43, piso 4<br>Bogotá, D.C.　　　　　　　COLOMBIA | Revista ICA, publicación científica del<br>Instituto Colombiano Agropecuario | 19548517 |
| Instituto Colombiano de  Antropología<br>COLCULTURA- Biblioteca - Canje<br><br>Apartado 407,  Calle 8, No. 8-87<br><br>Bogotá　　　　　　　　　　COLOMBIA | Revista colombiana de antropología | 1130757 |
| Instituto Colombiano de Bienestar Familiar<br>Sistema Nacional de Bibliotecas ICBF, Sec. Biblioteca<br><br>Avenida 68, Calle 64 , El Salítre<br>Apartado Aéreo 18116<br>Bogotá, D.C.　　　　　　　COLOMBIA | Boletín bibliográfico e informativo<br><br><br>Boletín estadístico | 5964130<br><br><br>30407183 |
| Instituto Colombiano de Bienestar Familiar<br>Sistema Nacional de Bibliotecas ICBF, Sec. Biblioteca<br><br>Avenida 68, Calle 64 , El Salítre<br>Apartado Aéreo 18116<br>Bogotá, D.C.　　　　　　　COLOMBIA | Carta de derecho de familia | 5691968 |
| Instituto Colombiano de Comercio Exterior<br>INCOMEX- Centro de documentación<br><br><br>Apartado Aereo 240423<br>Bogotá　　　　　　　　　　COLOMBIA | Comercio exterior de Colombia<br><br><br>INCOMEX sin fronteras | 4963296<br><br><br>30302490 |
| Instituto Colombiano de Cultura Hispánica<br>  Biblioteca Cervantes<br><br>Apartado Aéreo 5454<br>Calle 12, no.2-38<br>Bogotá, D.E.　　　　　　　COLOMBIA | Bogotá y Santa fé<br><br><br>Mosaico 2 | 21099422<br><br><br>12926284 |

| INSTITUTION AND ADDRESS | PUBLICATIONS AND OCLC NO. | |
|---|---|---|
| Instituto Colombiano de Productores de Cemento | Boletín ICPC | 19401598 |
| Edificio CAMACOL, Apartado Aéreo 52816 ,Car 63, 49A-31, Piso 6 Medellín COLOMBIA | | |
| Instituto Colombiano para el Fomento de la Educación Superior (ICFES) | Revista del Instituto Colombiano para el Fomento de la Educación Superior | 3399563 |
| Apartado Aéreo 6319 Calle 17, no.3-40 Bogotá, D.E. COLOMBIA | Educación superior y desarrollo | 9561688 |
| Instituto de Asuntos Nucleares | Informe de labores | 14052290 |
| Avda. El Dorado, Carrera 50, Apartado Aéreo 8595 Bogotá COLOMBIA | Nucleares: Revista técnico-científica del Instituto Nucleares | 15469816 |
| Instituto de Fomento Industrial Centro de Documentación | Investigaciones | 27109922 |
| Apartado Aéreo 4222 Bogotá COLOMBIA | Colombia, sus gentes y sus regiones | 18158647 |
| Instituto de Fomento Industrial Centro de Documentación | Informe estadístico | 29403003 |
| Apartado Aéreo 4222 Bogotá COLOMBIA | Bibliografía agroindustrial de Colombia | 18463172 |
| Instituto de Fomento Industrial Centro de Documentación | Informe financiero | 24951076 |
| Apartado Aéreo 4222 Bogotá COLOMBIA | Carta del IFI, boletín informativo de l Instituto de Fomento Industrial | 8095131 |

| INSTITUTION AND ADDRESS | PUBLICATIONS AND OCLC NO. |
|---|---|
| Instituto de Integración Cultural | Quirama |
| | 1795300 |
| Apartado Aéreo 3180, Calle 54 No. 43-33 | |
| Medellín               COLOMBIA | |
| Instituto Geográfico "Agustín Codazzi" | Colombia geográfica |
| Oficina de Canjes 801 | 1824847 |
| Carrera 30, No. 48-51 | |
| Bogotá, D.C.               COLOMBIA | |
| Instituto Latinoamericano de Servicios Legales | El otro derecho |
| ILSA | 21266056 |
| Carrera 38, No. 16-45 | |
| Bogotá               COLOMBIA | |
| Instituto Meyer | Glotta |
| | 14913504 |
| Calle 17, no. 10-16,  piso 8 | |
| Bogotá, D.C.               COLOMBIA | |
| Instituto Misionero de Antropología | Ethnia |
| | 8391745 |
| Carrera 81, No. 52B 137, Apartado 3309 Medellín | |
| Bogotá               COLOMBIA | |
| Instituto Nacional de Investigaciones Geo/Min | Boletín geológico |
| Biblioteca | 1564108 |
| Diagonal 53,no.34-53 | |
| Apartado Aereo 1978 Bogotá, D.C.               COLOMBIA | |

| INSTITUTION AND ADDRESS | PUBLICATIONS AND OCLC NO. |
|---|---|
| Instituto Nacional de los Recursos Naturales Renovables y del Ambiente<br><br>Diagonal 53,no.5-18<br>Apartado Aereo 13458<br>Bogotá, D.C.          COLOMBIA | Trianea,:organo de publicación científica y tecnológica del  INDERENA          19071817 |
| Instituto SER de Investigación<br><br>Apartado Aéreo 1978<br><br>Bogotá, D.E.          COLOMBIA | Coyuntura social<br><br>22135103 |
| Jardín Botánico de Bogotá<br>"José Celestino Mutis"<br><br>Apartado Aéreo 59887<br>Carrera 66-A,no.56-84<br>Bogotá          COLOMBIA | Pérez-Arbelaezia<br><br>13175398 |
| Ministerio de Gobierno<br>Biblioteca<br><br>Calle 13, no. 8-38, Piso 2<br><br>Bogotá, D.E.          COLOMBIA | Memoria al Congreso Nacional<br><br>20148728 |
| Ministerio de Gobierno<br>Dirección Nacional del Derecho de Autor - Biblioteca<br><br>Carrera 8A, no.8-09, Palacio Echverry piso 1<br>Apartado Aereo 3679<br>Bogotá          COLOMBIA | Audiencias públicas (Comisión Preparatoria del Proceso de Reajuste Institucional)     24033686 |
| Ministerio de Hacienda y Crédito Público<br> Biblioteca del Gabinete<br><br>Carrera 7 No. 6-45, Oficina 214<br><br>Bogotá          COLOMBIA | Hacienda<br><br>18211731<br><br>Boletín hacienda<br><br>16249414 |

| INSTITUTION AND ADDRESS | PUBLICATIONS AND OCLC NO. | |
|---|---|---|
| Ministerio de Hacienda y Crédito Público<br>Biblioteca del Gabinete<br><br>Carrera 7 No. 6-45, Oficina 214<br><br>Bogotá                COLOMBIA | Memoria al Congreso Nacional | 17453772 |
| Ministerio de Justicia<br>Oficina de Investigaciones Sociojurídicas - Biblioteca<br><br>Carrera 10, No. 14-33, Piso 21<br><br>Bogotá, D.C.           COLOMBIA | Anales del Consejo de Estado<br><br>Gaceta judicial | 3211971<br><br>1445847 |
| Ministerio de Justicia<br>Oficina de Investigaciones Sociojurídicas - Biblioteca<br><br>Carrera 10, No. 14-33, Piso 21<br><br>Bogotá, D.C.           COLOMBIA | Memoria al Congreso Nacional<br><br>Semanario del derecho y la justicia | 22418319<br><br>32224022 |
| Ministerio de Minas y Energía<br>Sección Documentación y Divulgación<br><br>Apartado Aéreo 80319<br><br>Bogotá                COLOMBIA | Infide labores<br><br>Nucleares | <br><br>15469816 |
| Ministerio de Minas y Energía<br>Sección Documentación y Divulgación<br><br>Apartado Aéreo 80319<br><br>Bogotá                COLOMBIA | Boletín de minas y energía<br><br>Boletín minero energético | 3457122<br><br>27136936 |
| Ministerio de Minas y Energía<br>Sección Documentación y Divulgación<br><br>Apartado Aéreo 80319<br><br>Bogotá                COLOMBIA | Memorias al Congreso Nacional | 25836739 |

| INSTITUTION AND ADDRESS | PUBLICATIONS AND OCLC NO. |
|---|---|
| Ministerio de Relaciones Exteriores<br>Sección de Biblioteca<br><br>Carrera 10, No. 8-42, Piso 1<br><br>Bogotá　　　　COLOMBIA | Revista Cancillería de San Carlos<br><br>22842999 |
| Ministerio de Salud<br>Centro de Documentación<br><br>Apartado Aereo 642<br>Calle 16, no. 7-39 Oficina 901<br>Bogotá　　　　COLOMBIA | Memorias al Congreso Nacional<br><br>31189964 |
| Ministerio de Trabajo y Seguridad Social<br>Biblioteca<br><br><br>Calle 20, no.8-18<br>Bogotá　　　　COLOMBIA | Boletín de análisis y estadísticas laborales<br>21253289 |
| Museo de Arte Moderno<br><br><br>Calle 24, No.6-00<br><br>Bogotá　　　　COLOMBIA | Arte, revista de arte y cultura<br><br>19360565<br><br>Bienal de arte de Bogotá |
| Observatorio Astronómico Nacional<br><br><br>Apartado Aereo 2584<br><br>Bogotá　　　　COLOMBIA | Publicaciones del Observatorio Astronómico<br>Nacional　　　　6024644 |
| Planeación Metropolitana Biblioteca<br>Departamento Administrativo, Centro Admin. Municipal<br><br>Calle 44, No. 52-165<br>Piso 12, Oficina 1210<br>Medellín, Antioquia　　　　COLOMBIA | Revista planeación metropolitana<br><br>26491227 |

| INSTITUTION AND ADDRESS | PUBLICATIONS AND OCLC NO. |
|---|---|
| Pontificia Universidad Javeriana<br>Biblioteca General<br><br>Carrera 7a., No. 41-00<br>Apartado Aéreo No. 56710<br>Bogotá COLOMBIA | Revista Javeriana<br>5987710<br><br>Universitas Humanística<br>3154437 |
| Pontificia Universidad Javeriana<br>Biblioteca General<br><br>Carrera 7a., No. 41-00<br>Apartado Aéreo No. 56710<br>Bogotá COLOMBIA | Cuadernos de agroindustria y economía<br>rural 9616370<br><br>Universitas canónica<br>8210138 |
| Pontificia Universidad Javeriana<br>Facultad de Ciencias Económicas y Administrativas<br><br>Apartado Aereo 56710<br>Calle 40, no.6-23, piso 7<br>Bogotá COLOMBIA | Cuadernos de administración<br><br>Universitas ciencias juridicas<br>10992310 |
| Pontificia Universidad Javeriana<br>Facultad de Ciencias Económicas y Administrativas<br><br>Apartado Aereo 56710<br>Calle 40, no.6-23, piso 7<br>Bogotá COLOMBIA | Universitas económica<br>5934242 |
| Pontificia Universidad Javeriana<br>Facultad de Ciencias Jurídicas<br><br>Calle 40, no.6-23, piso 6<br>Bogotá COLOMBIA | America negra<br>28059109<br><br>Revista ibero latinoamericana de seguros<br>32443814 |
| Pontificia Universidad Javeriana<br>Facultad de Filosofía<br><br>Carrera 7A, no.39-08<br><br>Bogotá COLOMBIA | Universitas philosophica<br>16066329 |

| INSTITUTION AND ADDRESS | PUBLICATIONS AND OCLC NO. |
|---|---|

| INSTITUTION AND ADDRESS | PUBLICATIONS AND OCLC NO. |
|---|---|
| Pontificia Universidad Javeriana<br>Instituto Geofísico de los Andes Colombianos<br><br>Apartado Aereo 56710<br><br>Bogotá　　　　　COLOMBIA | Serie C : Geologia.<br><br>1800300 |
| Pontificia Universidad Javeriana<br>Seccional de Cali<br><br>Calle 18, no. 121-30, Via a Pance, Apartado 26239<br><br>Cali　　　　　COLOMBIA | Universitas Xaveriana Cali<br><br>24489052 |
| Presidencia de la República<br>Biblioteca<br><br>Palacio de Narino<br>Carrera 8A, no.7-26<br>Bogotá　　　　　COLOMBIA | Informe al Congreso<br><br>20623585 |
| Revista ALEPH<br><br>Apartado de Correos no. 1080<br><br>Manizales　　　　　COLOMBIA | Aleph<br><br>5179503 |
| Revista Javeriana<br><br>Apartado Aereo 24773<br>Carrera 23, no. 39-69<br>Bogotá　　　　　COLOMBIA | Revista Javeriana<br><br>5987710 |
| Sociedad Antioqueña de Economistas<br><br>Apartado Aereo 51915<br><br>Medellin　　　　　COLOMBIA | Opinión económica<br><br>24364851 |

| INSTITUTION AND ADDRESS | PUBLICATIONS AND OCLC NO. | |
|---|---|---|
| Sociedad Colombiana de Matemáticas | Revista colombiana de matemáticas | |
| | | 4670163 |
| Apartado Aéreo 2521 | Lecturas matemáticas | |
| | | 30021245 |
| Bogotá COLOMBIA | | |
| Superintendencia Bancaria | En adelante | |
| Biblioteca | | |
| Calle 7, No. 4-49, Of. 119 | Informe financiero semanal | |
| Apartado Aereo 3460 | | 3596967 |
| Bogotá COLOMBIA | | |
| Superintendencia Bancaria | Circulares | |
| Biblioteca | | 23260223 |
| Calle 7, No. 4-49, Of. 119 | Boletín de la Oficina Jurídica | |
| Apartado Aereo 3460 | | |
| Bogotá COLOMBIA | | |
| Superintendencia Bancaria | Revista de la Superintendencia Bancaria | |
| Biblioteca | | 4170963 |
| Calle 7, No. 4-49, Of. 119 | | |
| Apartado Aereo 3460 | | |
| Bogotá COLOMBIA | | |
| Superintendencia de Notariado y Registro | Infolios | |
| Biblioteca | | 5285693 |
| Calle 26, no. 13-49, Interior 201, Piso A | Geomimet | |
| | | 1771452 |
| Bogotá COLOMBIA | | |
| Superintendencia de Notariado y Registro | Encuentros de capacitación | |
| Biblioteca | | 22398531 |
| Calle 26, no. 13-49, Interior 201, Piso A | | |
| Bogotá COLOMBIA | | |

| INSTITUTION AND ADDRESS | PUBLICATIONS AND OCLC NO. | |
|---|---|---|
| Unión de Aseguradores Colombianos | Informativo jurídico | |
| FASECOLDA - Sección de Publicaciones | | 32081645 |
| Carrera 7, No. 26-20, Pisos 11 y 12 | Estadísticas de las industrias | |
| Apartado Aereo 5233 | aseguradora y de capitalización | 15876877 |
| Bogotá, D.E.          COLOMBIA | | |
| Universidad Autónoma de Bucaramanga | Facultad de Contaduría | |
| Apartado Aéreo 1642, Calle 48, No. 39-234 | Prospectiva | |
| Bucaramanga          COLOMBIA | | |
| Universidad Autónoma de Bucaramanga | Temas socio-jurídicos | |
| | | 13024927 |
| Apartado Aéreo 1642, Calle 48, No. 39-234 | Reflexiones | |
| Bucaramanga          COLOMBIA | | |
| Universidad de Antioquia | Lecturas de economía | |
| Centro Investigaciones Económicas - División de Documentación | | 8184329 |
| Apartado Aéreo 1226 | Oikos | |
| | | 20785076 |
| Medellín          COLOMBIA | | |
| Universidad de Antioquia | Actualidades biológicas | |
| Departamento de Bibliotecas, Canje y Donaciones | | 1967846 |
| Apartado Aereo 1226 | Lecturas de economía | |
| | | 8184329 |
| Medellín          COLOMBIA | | |
| Universidad de Antioquia | Revista Universidad de Antioquia | |
| Departamento de Bibliotecas, Canje y Donaciones | | 14093368 |
| Apartado Aereo 1226 | Memorias martes del paraninfo | |
| | | 8392495 |
| Medellín          COLOMBIA | | |

| INSTITUTION AND ADDRESS | PUBLICATIONS AND OCLC NO. | |
|---|---|---|
| Universidad de Antioquia | Lingustica y literatura | |
| Departamento de Bibliotecas, Canje y Donaciones | | 5285172 |
| Apartado Aereo 1226 | Revista interamericana de bibliotecología | |
| | | 4310095 |
| Medellín COLOMBIA | | |
| Universidad de Antioquia | Boletín de antropologia | |
| Facultad de Ciencias y Humanidades, Departamento de Antropologia | | 3790728 |
| Apartado Aereo 1226 | | |
| Medellín COLOMBIA | | |
| Universidad de Antioquia | Estudios educativos | |
| Facultad de Educación - Centro de Documentación Educativa | | 5308124 |
| Apartado Aereo 1226 | | |
| Bloque 9-235 Medellín COLOMBIA | | |
| Universidad de Bogotá | Boletín ecotrópica | |
| Jorge Tadeo Lozano - Museo del Mar - Centro de Documentación | | 14702118 |
| Calle 23, #4-47, Apartado Aéreo 34185 | Informe | |
| | | 13773653 |
| Bogotá COLOMBIA | | |
| Universidad de Bogotá Jorge Tedeo Lozano | Bogotá | |
| Biblioteca - Sección de Canje | | 18706549 |
| Calle 23, No. 4-47 | La Tadeo | |
| | | 7124057 |
| Bogotá COLOMBIA | | |
| Universidad de Caldas | Agronomía | |
| Biblioteca Central | | 28607938 |
| Apartado Aereo 275 | | |
| Manizales, Caldas COLOMBIA | | |

| INSTITUTION AND ADDRESS | PUBLICATIONS AND OCLC NO. | |
|---|---|---|
| Universidad de La Salle<br>Biblioteca-Hemeroteca<br><br>Calle 11, No. 1-47, Apartado Aéreo 28638<br><br>Bogotá    COLOMBIA | Revista de la Universidad de la<br>Salle | 28550771 |
| Universidad de los Andes<br>Biblioteca General - Adquisiciones<br><br>Calle 18-a, Carrera 1-E, Apartado Aéreo 4976<br><br>Bogotá    COLOMBIA | Manizales<br><br>Cuadernos de filosofía y letras | 5432984<br><br>8706136 |
| Universidad de los Andes<br>Biblioteca General - Adquisiciones<br><br>Calle 18-a, Carrera 1-E, Apartado Aéreo 4976<br><br>Bogotá    COLOMBIA | Colombia internacional<br><br>Texto y contexto | 20535179<br><br>12602675 |
| Universidad de los Andes<br>Centro de Estudios sobre Desarrollo Económico CEDE-Biblioteca<br>Apartado Aéreo 4976, Calle 18A, Carrera 1E<br><br>Bogotá    COLOMBIA | Manizales<br><br>Desarrollo y sociedad | 5432984<br><br>4975286 |
| Universidad de los Andes<br>Centro de Estudios sobre Desarrollo Económico ,<br>CEDE- Biblioteca<br>Apartado Aéreo 4976, Calle 18A, Carrera 1E<br><br>Bogotá    COLOMBIA | Informe de actividades | 3954455 |
| Universidad de los Andes<br>Facultad de Humanidades y Ciencias Sociales - Depto. de Antropología<br>Apartado Aéreo 4976<br><br>Bogotá    COLOMBIA | Revista de antropología y arqueología | 24582018 |

| INSTITUTION AND ADDRESS | PUBLICATIONS AND OCLC NO. | |
|---|---|---|
| Universidad de los Andes<br>Facultad de Ingeniería, Centro de Documentación CIFI | Boletín en información educativa | |
| Carrera 1A, No. 18A-70 Bloque Z, Apartado Aéreo 4976 | Memos de investigación | |
| | | 18066428 |
| Bogotá COLOMBIA | | |
| Universidad de los Andes<br>Pazon y Fabula ? | Correo de los Andes | 7086026 |
| Apartado Aéreo 4976, Calle 18A, Carrera 1E | | |
| Bogotá COLOMBIA | | |
| Universidad de Medellín<br>Biblioteca de Facultades - Sección Canje | Revista Universidad de Medellín | 32436302 |
| Apartado Aéreo 1983, Calle 31 No. 83B-150 | | |
| Medellín COLOMBIA | | |
| Universidad de Narino<br>Bibliotecas y Documentación, Canje | Foro universitario | 21470173 |
| Apartado Aereo 1175 y 1176, Carrera 22, No. 18-109 | Seriede investigaciones : órgano<br>del Sistema de Investigaciones | 23944608 |
| Pasto,Narino COLOMBIA | | |
| Universidad de Narino<br>Bibliotecas y Documentación, Canje | Meridiano | 20784991 |
| Apartado Aereo 1175 y 1176, Carrera 22, No. 18-109 | | |
| Pasto,Narino COLOMBIA | | |
| Universidad de Quindio<br>Sección Hemeroteca - Canje | Polémicas | |
| Apartado Aereo 460 | | |
| Armenia Quindio COLOMBIA | | |

| INSTITUTION AND ADDRESS | PUBLICATIONS AND OCLC NO. | |
|---|---|---|
| Universidad de San Buenaventura<br>Biblioteca<br><br>Carrera 5, No. 9-28, Apartado Aéreo 7154<br><br>Bogotá  COLOMBIA | Franciscanum<br><br>Itinerario educativo | 1369489<br><br>27860497 |
| Universidad de San Buenaventura<br>Biblioteca<br><br>Carrera 5, No. 9-28, Apartado Aéreo 7154<br><br>Cali  COLOMBIA | Sistemas<br><br>Arquitectura | 30129421 |
| Universidad de San Buenaventura<br>Biblioteca<br><br>Carrera 5, No. 9-28, Apartado Aéreo 7154<br><br>Cali  COLOMBIA | Educarte | 28522151 |
| Universidad de San Buenaventura<br>Biblioteca<br><br>Carrera 5, No. 9-28, Apartado Aéreo 7154<br><br>Cali  COLOMBIA | Contamos | |
| Universidad de San Buenaventura<br>Biblioteca<br><br>Carrera 5, No. 9-28, Apartado Aéreo 7154<br><br>Cali  COLOMBIA | Derecho<br><br>Educación | 25389749 |
| Universidad de Santo Tomás<br>Biblioteca Central - Hemeroteca<br><br>Carrera 9a., No. 51-23<br><br>Bogotá  COLOMBIA | Cuadernos de filosofía<br>latinoamericana | 10378555 |

| INSTITUTION AND ADDRESS | PUBLICATIONS AND OCLC NO. | |
|---|---|---|
| Universidad del Norte<br>Biblioteca<br><br>Apartado Aéreo 1569<br><br>Barranquilla　　　　　COLOMBIA | Anuario científico<br><br>Huellas | 12028491<br><br>27415078 |
| Universidad del Norte<br>Biblioteca<br><br>Apartado Aéreo 1569<br><br>Barranquilla　　　　　COLOMBIA | Investigación y desarrollo | |
| Universidad del Valle<br>Departamento de Bibliotecas -Sección de<br>Adqusiciones, Canje y Donación<br>Apartado Aéreo 25360<br><br>Cali　　　　　COLOMBIA | Historia y espacio<br><br>Fin de siglo | 5959401<br><br>28560467 |
| Universidad del Valle<br>Departamento de Bibliotecas -Sección de<br>Adqusiciones, Canje y Donación<br>Apartado Aéreo 25360<br><br>Cali　　　　　COLOMBIA | Acta Médica del Valle<br><br>Colombia médica | 1042098<br><br>3201497 |
| Universidad del Valle<br>División de Humanidades - Departamento de Letras<br><br>Apartado Aereo 2188<br><br>Cali　　　　　COLOMBIA | Poligramas | 17459418 |
| Universidad del Valle<br>Facultad de Ciencias Sociales y Económicas - Centro de<br>Documentación Socio-Economico<br>Apartado Aéreo 25360 , Ciudad Universitaria Melendez<br><br>Cali　　　　　COLOMBIA | Lenguaje<br><br>Chasqui Internacional | 5250902<br><br>12930269 |

| INSTITUTION AND ADDRESS | PUBLICATIONS AND OCLC NO. |
|---|---|
| Universidad del Valle<br>Facultad de Ciencias Sociales y Económicos - Centro de Investigaciones y Documentación Socio-Economica<br>Apartado Aéreo 2188<br><br>Cali　　　　　COLOMBIA | Boletín socioeconómico<br><br>16828954 |
| Universidad EAFIT<br>Escuela de Administración y Finanzas y Tec nología<br><br>Apartado Aéreo 3300<br><br>Medellín　　　　　COLOMBIA | Revista Universidad EAFIT<br><br>11416266 |
| Universidad Externado de Colombia<br>Biblioteca - Hemeroteca<br><br>Apartado 034141<br><br>Bogotá　　　　　COLOMBIA | Derecho Penal y Criminología<br><br>5760401<br><br>Externado, revista jurídica<br><br>5121604 |
| Universidad Industrial de Santander<br>Biblioteca Seccion Canje<br><br>Apartado Aereo 678<br><br>Bucaramanga　　　　　COLOMBIA | Boletín de geología<br><br>2445522<br><br>Revista de la Universidad Industrial de Santander<br><br>2778721 |
| Universidad Industrial de Santander<br>Biblioteca Seccion Canje<br><br>Apartado Aereo 678<br><br>Bucaramanga　　　　　COLOMBIA | Boletín CICELPA<br><br>Revista ion<br><br>28610025 |
| Universidad Industrial de Santander<br>Biblioteca Seccion Canje<br><br>Apartado Aereo 678<br><br>Bucaramanga　　　　　COLOMBIA | Revista integración, temas de matemátics<br><br>20323498 |

| INSTITUTION AND ADDRESS | PUBLICATIONS AND OCLC NO. | |
|---|---|---|
| Universidad Nacional de Colombia<br>Biblioteca Central - Seccieon de Canje<br><br>Apartado Aéreo 14490<br><br>Bogotá — COLOMBIA | Anuario colombiano de historia<br>social y de la cultura<br><br>Ideas y valores | 1586457<br><br>5881410 |
| Universidad Nacional de Colombia<br>Biblioteca Central - Seccieon de Canje<br><br>Apartado Aéreo 14490<br><br>Bogotá — COLOMBIA | Agronomía colombiana<br><br>Geología colombiana | 16778318<br><br>2367435 |
| Universidad Nacional de Colombia<br>Biblioteca Central- Sección de Canje<br><br>Apartado Aéreo 14490<br><br>Bogotá — COLOMBIA | Revista colombiana de sociología<br><br>Revista colombiana de psicología | 8247491<br><br>29251721 |
| Universidad Nacional de Colombia<br>Biblioteca Central- Sección de Canje<br><br>Apartado Aéreo 14490<br><br>Bogotá — COLOMBIA | Ingeniería e investigaciones<br><br>Cuadernos de geografía | 25736795<br><br>21967890 |
| Universidad Nacional de Colombia<br>Biblioteca Central- Sección de Canje<br><br>Apartado Aéreo 14490<br><br>Bogotá — COLOMBIA | Forma y función | 9021647 |
| Universidad Nacional de Colombia<br>Biblioteca de Qúimica y Farmacía<br><br>Apartado Aéreo 14490<br><br>Bogotá — COLOMBIA | Revista colombiana de qúimica | 5522470 |

| INSTITUTION AND ADDRESS | PUBLICATIONS AND OCLC NO. | |
|---|---|---|
| Universidad Nacional de Colombia<br>Departamento de Bibliotecas, Sección de Adquisiciones<br>Apartado No. 568<br><br>Medellín                    COLOMBIA | Revista de extensión cultural<br><br>Universidad Nacional de Colombia | 4360903<br><br><br>2268942 |
| Universidad Nacional de Colombia<br>Departamento de Matemáticas y Estadística<br><br>Apartado Nacional 2521<br><br>Bogotá                    COLOMBIA | Revista colombiana de matemática | 4670163 |
| Universidad Nacional de Colombia<br>Facultad de Artes, Instituto de Investigaciones Estéticas<br><br>Apartado Aéreo 50211<br><br>Bogotá                    COLOMBIA | Escala | 22391340 |
| Universidad Nacional de Colombia<br>Facultad de Ciencias Agropecuarias - Biblioteca<br><br>Apartado Aereo 237<br><br>Palmira, Valle del Cauca            COLOMBIA | Acta agronómica | 1460819 |
| Universidad Nacional de Colombia<br>Facultad de Ciencias, Departamento de Biología<br><br>Apartado Aereo 14490<br><br>Bogotá                    COLOMBIA | Actas biológica colombiana | 11579150 |
| Universidad Nacional de Colombia<br>Facultad de Ciencias Económicas- Biblioteca<br><br>Apartado Aéreo 14490<br><br>Bogotá                    COLOMBIA | Cuadernos de economía | 6476730 |

| INSTITUTION AND ADDRESS | PUBLICATIONS AND OCLC NO. | |
|---|---|---|
| Universidad Nacional de Colombia<br>Facultad de Ciencias Humanas, Centro de Documentación e Información<br>Apartado Aéreo 14490<br>Oficina 118, Ed. Sociología<br>Bogotá          COLOMBIA | Manguare<br><br>Forma y función | 9021647 |
| Universidad Nacional de Colombia<br>Facultad Nacional de Agronomía<br><br>Apartado Aereo 568<br><br>Medellín          COLOMBIA | Boletín de ciencias de la tierra<br><br>Revista, Facultad Nacional de Agronomía | 7819741<br><br>1564113 |
| Universidad Nacional de Colombia<br>Instituto de Ciencias Naturales , Museo de Historia Natural- Biblioteca<br>Apartado 7495<br><br>Bogotá          COLOMBIA | Caldasia<br><br>Lozania | 1552350<br><br>1714469 |
| Universidad Nacional de Colombia<br>Instituto de Ciencias Naturales , Museo de Historia Natural - Biblioteca<br>Apartado 7495<br><br>Bogotá          COLOMBIA | Mutisia<br><br>Flora de Colombia | 1717939<br><br>9607637 |
| Universidad Nacional de Colombia<br>Instituto de Estudios Politicos y Relaciones Internacional<br><br>Apartado Aéreo 14490<br>Oficina 118, Ed. Sociología<br>Bogotá          COLOMBIA | Analisis polílitco | 17661068 |
| Universidad Nacional de Colombia<br>Seccional de Medellín, Facultad de Minas<br><br>Carretera al Mar - Robledo<br>Apartado Aereo 1027<br>Medellín          COLOMBIA | Dyna | 1620000 |

| INSTITUTION AND ADDRESS | PUBLICATIONS AND OCLC NO. |
|---|---|
| Universidad Nacional de Colombia<br>Seccional Manizales<br><br>Apartado Aereo No. 127<br><br>Manizales    COLOMBIA | ALEPH<br>    5179503<br><br>Boletín de vias y transportes<br>    5023182 |
| Universidad Nacional de Colombia<br>Seccional Medellin Facultad de Agronomia- Biblioteca<br><br>Apartado 568<br><br>Medellin    COLOMBIA | Revista del I.C.N.E.<br>    19949333<br><br>Revista, Facultad Nacional de Agronomía<br>    1564113 |
| Universidad Pedagógica y Tecnológica de Colombia<br>Biblioteca Central<br><br>Apartado Aereo 1234<br><br>Tunja, Boyaca    COLOMBIA | Cuadernos de lingüística hispánica<br>    18537930 |
| Universidad Pontificia Bolivariana<br>Biblioteca Sección Canje<br><br>Apartado Aereo 1178<br><br>Medellín    COLOMBIA | Ingenieria mecánica<br>    19002758 |
| Universidad Pontificia Bolivariana<br>Biblioteca Trabajo Social<br><br>Apartado Aereo 1178, Calle 53, No. 40-49<br><br>Medellín    COLOMBIA | Escritos<br>    4080594<br><br>Revista Universidad Pontificia Bolivariana<br>    6036750 |
| Universidad Pontificia Bolivariana<br>Centro de Investigaciones para el desarrollo integral CIDI<br><br>Apartado Aéreo, 1178<br><br>Medellín    COLOMBIA | Revista de la Facultdad de Derecho<br> y Ciencias Políticas, UPB    13205073 |

| INSTITUTION AND ADDRESS | PUBLICATIONS AND OCLC NO. |
|---|---|
| Universidad Tecnológica de Pereira<br>Departamento de Bibliotecas,Sección Canje y Donación<br><br>Apartado Aéreo 97<br><br>Pereira　　　　　　COLOMBIA | Mefisto<br>　　　　　　　　27040263<br><br>Revista de Egresados<br>　　　　　　　　4897206 |
| Universidad Tecnológica de Pereira<br>Departamento de Bibliotecas,Sección Canje y Donación<br><br>Apartado Aéreo 97<br><br>Pereira　　　　　　COLOMBIA | Revista Serie "Arte y Cultura"<br>　　　　　　　　5084878 |
| Academia Ecuatoriana de la Lengua<br><br><br>Calle Cuenca 681, Apartado 8460<br><br>Quito　　　　　　ECUADOR | Memorias de la Academia Ecuatoriana de la Lengua,<br>Correspondiente de la Real Española　10969545 |
| Acción Social Ecuménica Latinoamericana<br><br><br>Ed. M-B-1, Of. 303<br>Casilla no. 15067<br>Guayaquil　　　　　　ECUADOR | Cristianismo y sociedad |
| Archivo Histórico de Guayas<br><br><br>Apartado 383<br><br>Guyaquil　　　　　　ECUADOR | Revista del Archivo Histórico del<br>　Guayas　　　　　　2242923<br>Colección histórica reproducción de<br>impresos antiguos |
| Archivo Histórico de Guayas<br><br><br>Apartado 383<br><br>Guyaquil　　　　　　ECUADOR | Actas del Cabildo Colonial de Guayaquil<br>　　　　　　　　1243331<br>Colección monográfica (Archivo Histórico<br>del Guayas)　　　8293042 |

| INSTITUTION AND ADDRESS | PUBLICATIONS AND OCLC NO. | |
|---|---|---|
| Archivo Nacional | Boletín del Archivo Nacional | |
| | | 31059311 |
| Av. 6 De Diciembre 794 | | |
| Apartado 17-12-878 | | |
| Quito                ECUADOR | | |
| Autoridad Portuaria de Guyaquil | Cifras estadísticas | |
| | Anuario estadístico | |
| Casilla 5739 | | 8360003 |
| Guayaquil                ECUADOR | | |
| Autoridad Portuaria de Guyaquil | Boletín estadísticas trimestral | |
| | | 30396215 |
| Casilla 5739 | | |
| Guayaquil                ECUADOR | | |
| Banco Central del Ecuador | Anuario (Banco Central del Ecuador ) | |
| Biblioteca - Canje | | |
| | Boletín ( Banco Central del Ecuador) | |
| Casilla 339 | | 9416295 |
| Quito                ECUADOR | | |
| Banco Central del Ecuador | Cultura | |
| Biblioteca - Canje | | 25099454 |
| | Información estadística | |
| Casilla 339 | | 29828499 |
| Quito                ECUADOR | | |
| Banco Central del Ecuador | Cuentas nacionales | |
| Biblioteca - Canje | | 12351064 |
| | Cuestiones económicas | |
| Casilla 339 | | 6528875 |
| Quito                ECUADOR | | |

| INSTITUTION AND ADDRESS | PUBLICATIONS AND OCLC NO. | |
|---|---|---|
| Banco Central del Ecuador<br>Biblioteca - Canje<br><br>Casilla 339<br><br>Quito ECUADOR | Revista ecuatoriana de historia económica | 18094845 |
| Banco Central del Ecuador<br>Museo Antropológico y Pinacoteca<br><br>Av. 9 de Octubre y José de Antepara, Casilla 1331<br><br>Guayaquil ECUADOR | Miscelanea antropológica ecuatoriana<br><br>Miscelanea antropológica ecuatoriana serie<br>monográfica | 8854360<br><br>20551032 |
| Banco Nacional de Fomento<br><br><br>Apartado 685<br><br>Quito ECUADOR | Informe anual<br><br><br>Boletín BNF | 24581980<br><br>13387117 |
| Cántaro<br><br><br>Luis Cordero 7-63, piso 3<br>Casilla Postal 01-01-999<br>Cuenca ECUADOR | Cántaro, cuestiones sobre desarrollo<br>en el austro | 29949409 |
| Casa de la Cultura Ecuatoriana<br><br><br>Nucleo del Azuay<br>Apartado 4907<br>Cuenca ECUADOR | El Guacamayo y la serpiente<br><br>Revista de antropología | 4329927<br><br>4315226 |
| Casa de la Cultura Ecuatoriana<br><br><br>Nucleo del Azuay<br>Apartado 4907<br>Cuenca ECUADOR | Revista del Archivo Nacional de Historia<br>Sección del Azuay | 7454722 |

| INSTITUTION AND ADDRESS | PUBLICATIONS AND OCLC NO. | |
|---|---|---|
| Casa de la Cultura Ecuatoriana<br>Nucleo del Guayas | Cuadernos de historia y arqueología | 1565546 |
| Casilla de Correo 3542 | Antropología ecuatoriana | 4865506 |
| Guayaquil　　　　　ECUADOR | | |
| Centro Andino de Acción Popular<br>　CAAP | Ecuador debate | 9626805 |
| Apartado 17-15-00173-B | | |
| Quito　　　　　ECUADOR | | |
| Centro Cultural Abya-Yala<br>Centro de Documentación - Biblioteca | Catálogo | |
| Casilla 17-12-719 | Hombre y ambiente | 17640835 |
| Quito　　　　　ECUADOR | | |
| Centro Cultural Abya-Yala<br>Centro de Documentación - Biblioteca | Iglesia, pueblos y culturas | 18264048 |
| Casilla 17-12-719 | Pueblos indigenas y educación | 18000985 |
| Quito　　　　　ECUADOR | | |
| Centro de Desarrollo Industrial del Ecuador | Boletin (Centro de Desarrollo Industrial<br>　del Ecuador) | |
| Casilla 2321<br>Av. Orellana 1715 y 9 de octubre<br>Quito　　　　　ECUADOR | | |
| Centro de Estudios Históricos / Geográficos | Revista del Centro de Estudios<br>　Históricos y Geográficos del Azuay | 2259108 |
| Apartado 981 | | |
| Cuenca　　　　　ECUADOR | | |

| INSTITUTION AND ADDRESS | PUBLICATIONS AND OCLC NO. |
|---|---|
| Centro de Investigaciones CIUDAD<br>Biblioteca<br><br>Av. La Gasca 326 y Carvajal<br>Casilla 1708-8311<br>Quito　　　　　ECUADOR | Ciudad alternativa<br><br>21399473 |
| Centro de Planificación y Estudios<br>　Sociales, CEPLAES<br><br>6 de Diciembre 2912 y Alpallana<br>Casilla 6127 CCI<br>Quito　　　　　ECUADOR | Ecuador : coyuntura económica |
| Centro Ecuatoriano de Investigación Geográfica<br>　(CEDIG)<br><br>Apartado 3898<br><br>Quito　　　　　ECUADOR | Documentos de investigación<br><br>11082023 |
| Centro Interamericano de Artesaías y Artes Populares<br>Centro de Documentación  Dra. Beatriz Vicuna Pommier<br><br>Hermano Miguel 3-2<br>　Apartado 01-01-1943<br>Cuenca　　　　　ECUADOR | Artesanías de América :Revista del CIDAP<br>12077618<br><br>Boletín del Centro de Documentación del<br>CIDAP　　　　　29916524 |
| Centro Nacional de Investigaciones Genealógicas<br><br><br>　Apartado 17-15-135-B<br>Quito　　　　　ECUADOR | Revista del Centro Nacional de<br>Investigaciones Genealógicas　　　10615820 |
| Centro Panamericano de Estudios e Investigaciones<br>Geográficas<br><br>Seniergues S/N　Edificio IGM, 3 piso<br>　Apartado 4173<br>Quito　　　　　ECUADOR | Colección eventos científicos<br><br>26272258<br><br>Paisajes geográficos<br><br>19764985 |

INSTITUTION AND ADDRESS　　　　　　PUBLICATIONS AND OCLC NO.

| INSTITUTION AND ADDRESS | PUBLICATIONS AND OCLC NO. | |
|---|---|---|
| CIESPAL<br>Chasqui<br><br>Av. Almagro y Andrade Marin<br>Apartado 17-01-584<br>Quito ECUADOR | Chasqui | 29658550 |
| Consejo Nacional de Ciencia y Tecnología<br> CONACYT<br><br>Ave. Patria 850 y 10 de Agosto<br>Casilla 0028<br>Quito ECUADOR | Boletín SINICYT | 10920494 |
| Corporación de Estudios para el Desarrollo<br>CORDES<br><br>Casilla 17-17-11307 CCNU<br>Suecia 277 y Av. de los Shyis<br>Quito ECUADOR | Apunte técnicos<br><br>Encuesta industrial Serie documentos de<br>trabajo | 22267937<br><br>25880941 |
| Corporación de Estudios para el Desarrollo<br>CORDES<br><br>Casilla 17-17-11307 CCNU<br>Suecia 277 y Av. de los Shyis<br>Quito ECUADOR | Serie documentos de trabajo | 31452867 |
| Corporación de Estudios y Publicaciones<br><br>Apartado 17-21-00186<br><br>Quito ECUADOR | Indice de legislación ecuatoriana | 4936773 |
| Corte Suprema de Justicia<br><br>Edif. Palacio de Justicia<br>Av. 6 de diciembre y Piedrahita<br>Quito ECUADOR | Bibliografía jurídica nacional<br><br>Bibliografía publicación de la biblioteca de la<br>Corte Suprema de Justicia | 23264350 |

| INSTITUTION AND ADDRESS | PUBLICATIONS AND OCLC NO. |
|---|---|
| Escuela Politécnica Nacional | Politécnica |
| | 7587866 |
| Apartado Postal 1701 2759 | |
| Av. Ladrón s/n | |
| Quito ECUADOR | |
| Escuela Superior Politécnica del Litoral - Biblioteca | Avances de investigación |
| Centro de Estudios Arqueológicos y Antropológicos | 17886771 |
| Apartado Postal 09-01-5863 | Boletín arqueológico |
| Guayaquil ECUADOR | |
| Fundación Natura | Colibri, Revista de la Fundación Natura |
| Centro de Documentación | 18595137 |
| Casilla 17-01-253 | |
| Quito ECUADOR | |
| Instituto Ecuatoriano de Cultura Hispánica | Carabela :Revista del Instituto Ecuatoriano de Cultura |
| Casa de Benalcazár | Hispánica 22877322 |
| Apartado 2495 | |
| Quito ECUADOR | |
| Instituto Geográfico Militar | Revista geográfica |
| Departamento Geográfico | 5285166 |
| Aparatdo 17-01-2435 | |
| Senierges y Gral Paz Y Mino S/N | |
| Quito ECUADOR | |
| Instituto Nacional de Energía | Guía de diseño de obras hidraúlicas para |
| | microcentrales hidroeléctricas 22256894 |
| Av Mariana de Jesús 2307 y Martin de Utreras | |
| Casilla Postal007-C | |
| Quito ECUADOR | |

| INSTITUTION AND ADDRESS | PUBLICATIONS AND OCLC NO. |
|---|---|
| Instituto Nacional de Estadística y Censos | Anuario de estadísticas de transporte<br>2241187 |
| Avda 10 de agosto 229 | Anuario de estadísticas vitales Matrimonios<br>y divorcios — 18105162 |
| Quito — ECUADOR | |
| Instituto Nacional de Estadística y Censos | Anuario de recursos y actividades de salud<br>20821487 |
| Avda 10 de agosto 229 | Anuario de estadísticas vitales nacimientos<br>y defunciones — 17993568 |
| Quito — ECUADOR | |
| Instituto Nacional de Estadística y Censos | División político administrativa de la<br>República cel Ecuador — 12120451 |
| Avda 10 de agosto 229 | Encuesta anual de comercio interno<br>1785959 |
| Quito — ECUADOR | |
| Instituto Nacional de Estadística y Censos | Encuesta anual de recursos y atenciones<br>de salud — 5342862 |
| Avda 10 de agosto 229 | Encuesta anual de manufactura y minería<br>5984234 |
| Quito — ECUADOR | |
| Instituto Nacional de Estadística y Censos | Encuesta anual de restaurantes hoteles<br>y servicios — 343170 |
| Avda 10 de agosto 229 | Encuesta edificaciones, permisos<br>de construcción — 1783808 |
| Quito — ECUADOR | |
| Instituto Nacional de Estadística y Censos | Encuesta de superficie y producción agropecuaria<br>por muestreo de areas — 29960087 |
| Avda 10 de agosto 229 | Indice de precios al consumidor area urbana<br>9368206 |
| Quito — ECUADOR | |

| INSTITUTION AND ADDRESS | PUBLICATIONS AND OCLC NO. |
|---|---|
| Instituto Nacional de Estadística y Censos | Indice de empleo y remuneraciones |
| | 22197246 |
| Avda 10 de agosto 229 | Migración internacional |
| | 8542806 |
| Quito                 ECUADOR | |
| Instituto Nacional de Meteorología e Hidrología | Boletín meteorológico |
| INAMHI | 29801765 |
| Los Shiris 1570 | |
| Quito                 ECUADOR | |
| Instituto Oceanográfico de la Armada | Acta oceanográfica del Pacífico |
| | 10348103 |
| Casilla 5940 | |
| Guayaquil                 ECUADOR | |
| Instituto Otavaleño de Antropología | Sarance |
| Sección Canje, Biblioteca | 3495292 |
| Casilla 10-02-1478 | |
| Otavalo, Imbabura                 ECUADOR | |
| MARKA | Memoria |
| Instituto de Historia y Antropologia Andina | 25067845 |
| Av 12 de Octubre 959 y Roca, Ofc. 301 | |
| Casilla 1703-262 | |
| Quito                 ECUADOR | |
| Ministerio de Relaciones Exteriores | Pueblos indígenas y educación |
| Biblioteca | 18000985 |
| Av. 10 de agosto y Carrión | |
| Quito                 ECUADOR | |

| INSTITUTION AND ADDRESS | PUBLICATIONS AND OCLC NO. |
|---|---|
| Ministerio de Salud<br>Relaciones Internacionales<br><br>Juan Larrea 446<br><br>Quito ECUADOR | Nuevos enfoques en salud |
| Museo Ecuatoriano de Ciencias Naturales<br><br><br>Apartado 8976 Suc. 7<br>Tamayo 516 y Carrión<br>Quito ECUADOR | Serie Revista<br>15625083<br><br>Publicaciones del Museo Ecuatoriano de<br>Ciencias Naturales 7920603 |
| Observatorio Astronómico de Quito<br><br><br><br>Apartado 165<br><br>Quito ECUADOR | Boletín del Observatorio Astronómico de<br>Quito 7019006 |
| Petroecuador<br><br><br><br>Casilla 5007<br>J. Orton y Av.6 de diciembre, Edif. El Pinar<br>Quito ECUADOR | Informe estadístico de la actividad<br>hidrocarburífera del país 25535337 |
| Pontificia Universidad Católica de Ecuador<br>Biblioteca Harnan Malo González<br><br>Apartado 981<br><br>Cuenca ECUADOR | Universidad - Verdad<br>18540297 |
| Pontificia Universidad Católica del Ecuador<br> Biblioteca General<br><br>Apartado 17-01-2184<br>12 de octubre 1076 y Carrion<br>Quito ECUADOR | Revista de la Universidad Católica<br>1240231<br><br>Antropología<br>11051613 |

| INSTITUTION AND ADDRESS | PUBLICATIONS AND OCLC NO. | |
|---|---|---|
| Pontificia Universidad Católica del Ecuador<br>Centro de Estudios Latinoamericanos<br><br>12 de Octubre 1076 y Carrion<br>Apartado 17-01-2184<br>Quito                    ECUADOR | Revista de historia de las ideas,<br>   segunda época | 2267011 |
| | Revista del Depto. de Antropología de<br>La PUCE | 11051613 |
| Pontificia Universidad Católica del Ecuador<br>Centro de Estudios Latinoamericanos<br><br>12 de Octubre 1076 y Carrion<br>Apartado 17-01-2184<br>Quito                    ECUADOR | Economía y desarrollo | 9579652 |
| Superintendencia de Bancos<br><br><br>Av. 12 de Octubre<br>Apartado 424<br>Quito                    ECUADOR | Inversiones extranjeras en el<br>   Ecuador | 3269619 |
| | Memoria | 6895173 |
| Superintendencia de Bancos<br><br><br>Av. 12 de Octubre, Apartado 424<br><br>Quito                    ECUADOR | Boletín bancario y finaciero | 19226936 |
| | Boletín | 12902454 |
| Universidad Católica de Santiago de Guayaquil<br>Biblioteca<br><br>Apartado 4671<br><br>Guayaquil                    ECUADOR | Revista jurídica | 24315936 |
| Universidad Central del Ecuador<br>Biblioteca de Sociologia<br><br>Ciudad Universitaria<br><br>Quito                    ECUADOR | Revista de ciencias sociales | 5301629 |

| INSTITUTION AND ADDRESS | PUBLICATIONS AND OCLC NO. |
|---|---|
| Universidad Central del Ecuador<br>Facultad de Ciencias Agricolas - Biblioteca<br><br>Apartado A 25-20<br><br>Quito          ECUADOR | Rumipamba<br><br>11387901 |
| Universidad Central del Ecuador<br>Institito de Ciencias Naturales - Biblioteca<br><br>Apartado 633<br><br>Quito          ECUADOR | Ciencia y naturaleza<br><br>1554700 |
| Universidad de Cuenca<br>Biblioteca "juan Bautista Vásquez"<br><br>Ciudad Universitaria<br>Casilla 1103<br>Cuenca          ECUADOR | Revista del IDIS<br><br>17948117<br><br>Anales de la Universidad de Cuenca<br><br>2259995 |
| Universidad de Guayaquil<br>Biblioteca General<br><br>Casilla 3834<br><br>Guayaquil          ECUADOR | Revista de la Universidad de Guayaquil<br><br>9094516<br><br>El Universitario, vocero oficial de la<br>Universidad de Guayaquil          24057313 |
| Universidad de Guayaquil<br>Biblioteca General<br><br>Casilla 3834<br><br>Guayaquil          ECUADOR | Guia universitaria<br><br>21916445<br><br>Informe de labores |
| Universidad de Guayaquil<br>Biblioteca General<br><br>Casilla 3834<br><br>Guayaquil          ECUADOR | Revista de investigaciones juridícas<br>penales y penitenciarias          24316254 |

| INSTITUTION AND ADDRESS | PUBLICATIONS AND OCLC NO. |
|---|---|
| Universidad de Guayaquil<br>Facultad de Ciencias Económicas, Instituto de Investigaciones Económicas y Políticas<br>Ciudad Universitaria, Apartado Postal 5725<br><br>Guayaquil  ECUADOR | Difusión económica<br>5258441 |
| Universidad Nacional de Loja<br>Biblioteca - Departamento de la Rectoria<br><br><br>Loja  ECUADOR | Revista universitaria<br>7384598 |
| Universidad Nacional de Loja<br>Dirección General de Bibliotecas<br><br>Ciudad Universitaria , Casilla Letra S<br><br>Loja  ECUADOR | Estudios universitarios<br>29034457<br><br>Ciencias agrícolas<br>27415074 |
| Universidad Nacional de Loja<br>Dirección General de Bibliotecas<br><br>Ciudad Universitaria , Casilla Letra S<br><br>Loja  ECUADOR | Revista de ciencias veterinarias<br>10818289 |
| Banco Central del Paraguay<br>Depto. de Estudios Económicos, Biblioteca<br><br>Avenida Paulo VI y Sargento Marecos<br><br>Asunción  PARAGUAY | Boletín estadístico<br>2521287<br><br>Ñemú Rendá: mercado, estadística mensual<br>de precios e indicadores económicos  27202894 |
| BASE-ECTA<br>Centro de Documentación<br><br>Casilla de Correo 1308<br>Hernandarias 1047<br>Asunción  PARAGUAY | Análisis del mes<br>15482227 |

| INSTITUTION AND ADDRESS | PUBLICATIONS AND OCLC NO. |
|---|---|
| Camara Paraguaya de la Industria de la Contrucción | Revista paraguaya de la construcción<br><br>13864195 |
| Avenida España, No. 959 | |
| Asunción          PARAGUAY | |
| Centro Paraguayo de Estudios de Población | Temas de población<br><br>5084662 |
| Juan E. O'Leary y Manduvira<br>Ed. El Dorado,  Piso 8<br>Asunción          PARAGUAY | |
| Centro Paraguayo de Estudios Sociológicos | Revista paraguaya de sociología<br><br>1763982 |
| Eligio Ayala 973, Casilla de Correo 2157 | Enfoques de mujer<br><br>18251730 |
| Asunción          PARAGUAY | |
| Centro Paraguayo de Estudios Sociológicos | Perspectiva internacional paraguaya<br><br>22294628 |
| Eligio Ayala 973, Casilla de Correo 2157 | |
| Asunción          PARAGUAY | |
| Conferencia Episcopal Paraguaya<br>Equipo Nacional de Misiones, Servicio de Información | Diálogo indígena misionero,  Dim<br><br>10177595 |
| Alberdi 782<br>Casilla de Correo 1436<br>Asunción          PARAGUAY | |
| Fuerzas Armadas de la Nación<br>  Dirección de Publicaciones Militares | Revista militar |
| Av.Mariscal López y Vice-Pte Sánchez, Casilla 1009 | |
| Asunción          PARAGUAY | |

| INSTITUTION AND ADDRESS | PUBLICATIONS AND OCLC NO. |
|---|---|

Grupo de Estudios de la Mujer Paraguaya

Enfoques de mujer

18251730

Casilla de Correo 2157

Asunción                           PARAGUAY

---

Guarani News

Guarani News

24414648

Casilla de Correo 2582
Asunción                           PARAGUAY

---

Instituto Nacional de Tecnología y

Normalización

Boletín de información técnica

industrial

14983636

Casilla de Correo 967

Asunción                           PARAGUAY

---

Ministero de Agricultura y Ganaderia

Inventario Biológico Nacional

Boletín de inventario biológico  nacional

17490168

Sucursal 19 Campus

Ciudad Universitaria , Central XI
Asunción                           PARAGUAY

---

Programa de Acción Cultural

Comunitaria de Misión de Amistad

Ñande reko

19891420

Casilla de Correo 255

Asunción                           PARAGUAY

---

Universidad Católica "Nuestra Señora de la Asunción"

Centro de Estudios Antropológicos

Suplemento antropológico

1794765

Independencia Nacional y Comuneros, Casilla 1718

Estudios paraguayos

2240497

Asunción                           PARAGUAY

---

| INSTITUTION AND ADDRESS | PUBLICATIONS AND OCLC NO. | |
|---|---|---|
| Universidad Nacional de Asunción<br>Biblioteca Central<br><br>Casilla de Correo 1408<br>Campus Universitario<br>San Lorenzo　　PARAGUAY | Economía | 20270921 |
| Universidad Nacional de Asunción<br>Escuela de Bibliotecología<br><br>Avenida España 1098<br>Casilla de Correo 1408<br>Asunción　　PARAGUAY | Informaciones de la Universidad de la<br>Asunción | |
| Universidad Nacional de Asunción<br>Facultad de Ciencias Económicas, Administrativas u<br>Contables<br><br>Casilla de Correo 831<br>Asunción　　PARAGUAY | Propuestas democráticas para la sociedad<br>y el estado del Paraguay del siglo XXI | 32328147 |
| Anuario Mariateguiano<br><br>P.O. Box 1589<br><br>Lima 100　　PERU | Anuario mariateguiano | 21110779 |
| Archivo Arzobispal de Arequipa<br><br>Apartado Postal no. 185<br><br>Arequipa　　PERU | Revista archivo Arzobispal de Arequipa | 32667458 |
| Asociación Latinoamericana de Instituciones<br>Financieras de Desarrollo, Centro de Documentación<br><br>Paseo de la República 3211, San Isidro, Apartado 3988<br><br>Lima 100　　PERU | Boletín informativo<br><br>Resúmenes informativos | 27123076<br><br>5653697 |

| INSTITUTION AND ADDRESS | PUBLICATIONS AND OCLC NO. | |
|---|---|---|
| Asociación Peruana para el Fomento de las Ciencias Sociales FOMCIENCIAS | Revista peruana de ciencias sociales | 19095417 |
| Roma 485 | Informativo | 18619468 |
| Lima 27 PERU | | |
| Banco Central de Reserva del Perú Centro de Info. y Documentación | Reseña económica | 7996466 |
| Apartado 1958, Miro Quesada 441-445 | Memoria | |
| Lima 100 PERU | | |
| Banco Central de Reserva del Perú Centro de Info. y Documentación | Boletín del Banco Central de Reserva del Perú | 9169155 |
| Apartado 1958, Miro Quesada 441-445 | Nota semanal | 22979513 |
| Lima 100 PERU | | |
| Banco de Credito del Perú Biblioteca | La situación económica nacional | 23135324 |
| Huarochirí S/N | Perú, informe económico trimestral | 25963957 |
| Lima 12 PERU | | |
| Banco de Credito del Perú Biblioteca | Peruvian quarterly report PQR | 8881155 |
| Huarochirí S/N | | |
| Lima 12 PERU | | |
| Banco de Información y Documentación Oficina Principal | Memoria y balance general | |
| Jiron Cuzco 245, Casilla Postal 1235 | | |
| Lima 100 PERU | | |

136

| INSTITUTION AND ADDRESS | PUBLICATIONS AND OCLC NO. |
|---|---|
| Banco de la Nación<br>  Centro de Información y Documentación (Ex-Biblioteca)<br><br>Apartado Postal 1835<br><br>Lima                    PERU | Memoria |
| Banco Industrial del Perú<br>Biblioteca<br><br>Apartado Postal 1230<br><br>Lima                    PERU | Boletín del Banco Industrial del Perú<br>2641108 |
| Biblioteca Nacional del Perú<br>Dpto. de Revistas y Periódicos<br><br>Apartado 2335<br><br>Lima                    PERU | Gaceta bibliotecaria del Perú<br>5343700<br><br>Anuario bibliográfico peruano<br>1481639 |
| Biblioteca Nacional del Perú<br>Dpto. de Revistas y Periódicos<br><br>Apartado 2335<br><br>Lima                    PERU | Fenix<br>1983660<br><br>Boletin de la Biblioteca Nacional<br>2266013 |
| Biblioteca Nacional del Perú<br>Dpto. de Revistas y Periódicos<br><br>Apartado 2335<br><br>Lima                    PERU | Bibliografia peruana<br>28642487 |
| Centro Amazónico de Antropología y Aplicación Práctica<br>Departamento de Publicaciones y Documentación<br><br>Apartado Postal 14-0166<br><br>Lima 14                 PERU | Amazonia Peruana<br>4023218<br><br>Nuestra tierra, nuesta vida |

| INSTITUTION AND ADDRESS | PUBLICATIONS AND OCLC NO. | |
|---|---|---|
| Centro Amazónico de Antropología y Aplicación Práctica | El Trueno | |
| Departamento de Publicaciones y Documentación | | 930606 |
| Apartado Postal 14-0166 | Serie antropológica | |
| | | 12847126 |
| Lima 14                          PERU | | |
| Centro de Documentación e Información Regional | Banco de datos | |
| CEDIR-CIPCA | | |
| Apartado 305 | Dossier regional | |
| Piura                            PERU | | |
| Centro de Documentación e Información Regional | Informes especiales | |
| CEDIR-CIPCA | | |
| Apartado 305 | | |
| Piura                            PERU | | |
| Centro de Estudios para el Desarrollo y la Participación | Socialismo y participación | |
| | | 4526590 |
| Apartado 11701 | | |
| Lima 11                          PERU | | |
| Centro de Estudios Regionales Andinos | Revista andina | |
| "Bartolome de Las Casas" | | 10142753 |
| Tullumayo 465 | Cuadernos para la historia de la | |
| Apartado 477 | evangelización en América Latina | 16573935 |
| Cusco                            PERU | | |
| Centro de Estudios Regionales Andinos | Sur | |
| "Bartolome de Las Casas" | | 4942959 |
| Tullumayo 465 | | |
| Apartado 477 | | |
| Cusco                            PERU | | |

| INSTITUTION AND ADDRESS | PUBLICATIONS AND OCLC NO. |
|---|---|
| Centro de Estudios Sociales Solidaridad | Chiclayo |
| Av. Luis González no. 180, Apartado 212 | Alternativa: Revista de análisis de norte |
| | 12779788 |
| Chiclayo                    PERU | |
| Centro de Investigación, Educación y  Desarrollo | Boletín técnico textil |
| | 18823966 |
| Las Magnolias 2741 - Lince, Apartado 11-0104/11-0485 | |
| Lima                    PERU | |
| Centro de la Mujer Peruana Flora Tristán | Lima |
| | 13615497 |
| Parque Hernán Velarde, no. 42 | Chacarera: Boletín de la Red Rural |
| | 24820542 |
| Lima 1                    PERU | |
| Centro Internacional de la Papa | Annual Report |
| Apartado 5969 | CIP circular |
| | 5237085 |
| Lima                    PERU | |
| Centro Nacional de Productividad | Boletín Productividad |
|   CENIP | 3015024 |
| Paseo de la República 3101 Piso 9 San Isidro | |
|  Apartado  5442 Lima 100                    PERU | |
| Centro Peruano de Estudios | Debate agrario |
|   Internacionales, CEPEI | 17835292 |
| San Ignacio de Loyola 554, Miraflores | Alerta agrario |
| | 17308315 |
| Lima 18                    PERU | |

| INSTITUTION AND ADDRESS | PUBLICATIONS AND OCLC NO. |
|---|---|
| Centro Peruano de Estudios Internacionales, CEPEI | Análisis internacional |
| | 29602586 |
| San Ignacio de Loyola 554, Miraflores | |
| Lima 18　　　　PERU | |
| Centro Peruano de Estudios Sociales (CEPES) - Centro de Documentación | Debate agrario |
| | 17835292 |
| Avenida Salaverry 818 | Alerta agrario |
| | 17308315 |
| Lima 11　　　　PERU | |
| Colegio de Arquitectos del Perú | Habitar, Revista del Colegio de Arquitectos del Perú |
| Avda. San Felipe 99 | |
| Lima 11　　　　PERU | |
| Comisión Nacional Supervisora de Empresas y Valores | Boletín estadístico del Mercado de Valores |
| | 9278888 |
| Av. Santa Cruz No. 315, Miraflores | Estados financieros de empresas |
| Casilla Postal 1153 | 18333173 |
| Lima　　　　PERU | |
| Comisión Nacional Supervisora de Empresas y Valores | Indicadores financieros empresariales |
| | 11652658 |
| Av. Santa Cruz No. 315, Miraflores | Societario |
| Casilla Postal 1153 | |
| Lima　　　　PERU | |
| Consejo Nacional de Ciencia y Tecnología (CONCYTEC) | Actas de las sesiones de avances de investigación |
| Apartado Postal 1984 | |
| Lima 100　　　　PERU | |

| INSTITUTION AND ADDRESS | PUBLICATIONS AND OCLC NO. | |
|---|---|---|
| Consejo Nacional de Población<br>Presidencia del Consejo Ministros, Ex-Edificio del Ministerio de Educ.<br>Piso19 Av Abancay S/N ParqueUniversitario<br>Casilla10233<br>Lima 1          PERU | Boletín Informativo del Consejo Nacional de Población<br>Consejo Nacional de Población | |
| Consejo Nacional de Población<br>Presidencia del Consejo Ministros, Ex-Edificio del Ministerio de Educ.<br>Piso19 Av Abancay S/N ParqueUniversitario<br>Casilla10233<br>Lima 1          PERU | Cuadernos | |
| DESCO<br>Centro de Estudios y Promoción del Desarrollo<br>Centro de Documentación, Leon de la Fuente No. 110<br>Lima 17          PERU | Quehacer<br>Pretextos | 7448636<br>22762465 |
| Economía y Agricultura<br>Apartado 2253<br>Lima          PERU | Economía y agricultura | 6126987 |
| Escuela de Administración de Negocios para Graduados<br>ESAN - Centro de Documentación<br>Apartado 1846<br>Lima 100          PERU | Cuadernos de difusión<br>Infotal : Información total | 26790897<br>20287422 |
| Escuela de Administración de Negocios para Graduados<br>ESAN - Centro de Documentación<br>Apartado 1846<br>Lima 100          PERU | Información selectiva del Centro de Documentación | 8521937 |

| INSTITUTION AND ADDRESS | PUBLICATIONS AND OCLC NO. |
|---|---|
| Fundación Peruana para la Conservación de la | FPCN al día |
| Apartado 1801393 | |
| Lima                    PERU | |
| Institut Français d'Etudes Andines | Bulletin de L'Institut Francais de 'Etudes |
| Embajada de Francia | Andines                                1793981 |
| Casilla 18-1217 | Travaux de L'Institut  Français d'Etudes Andines |
| Comtralmirante Montero 141 | 1590701 |
| Lima 18                    PERU | |
| Instituto de Defensa Legal | Ideéle |
| | 25325362 |
| Toribio Polo 248 | |
| Lima 18                    PERU | |
| Instituto de Estudios Aymaras | Boletín del Instituto de Estudios |
| | Aymaras                              18502817 |
| Apartado 295 | |
| Puno                    PERU | |
| Instituto de Estudios Económicos y Sociales | Indicadores de situación |
| Sociedad Nacional de Industrias | 19107990 |
| Los Laureles no. 365 | |
| Lima                    PERU | |
| Instituto de Estudios Histórico- Marítimos del Péru | Revista del Instituto de Estudios |
| | Histórico-Marítimos del Perú        5325002 |
| | Derroteros de la Mar del Sur |
| Av. Salaverry 2487, San Isidro | |
| Lima 27                    PERU | |

| INSTITUTION AND ADDRESS | PUBLICATIONS AND OCLC NO. | |
|---|---|---|
| Instituto de Estudios Peruanos<br>Jefe de la Biblioteca EP<br>Horacio Urteaga 694<br>Lima 11　　　　PERU | Memoria | |
| Instituto de Estudios Peruanos<br>Jefe de la Biblioteca EP<br>Horacio Urteaga 694<br>Lima 11　　　　PERU | Argumentos<br><br>Boletín de coyuntura política y económica | 27754637 |
| Instituto de Estudios Peruanos<br>Jefe de la Biblioteca EP<br>Horacio Urteaga 694<br>Lima 11　　　　PERU | Infancia y sociedad<br><br>Serie estudios históricos | 31143326<br><br>21130706 |
| Instituto de Estudios Peruanos<br>Jefe de la Biblioteca EP<br>Horacio Urteaga 694<br>Lima 11　　　　PERU | Documentos de trabajo<br>Serie documentos de política | 30791143 |
| Instituto de Estudios Peruanos<br>Jefe de la Biblioteca EP<br>Horacio Urteaga 694<br>Lima 11　　　　PERU | Documentos de trabajo<br>Serie historia<br>Documentos de trabajo<br>Serie sociología/política | 20003296<br><br>24230578 |
| Instituto de Investigación de Arquitectura y Urbanismo<br><br>Av. José Pardo 557  dpto. 1002<br>Lima 18　　　　PERU | Documentos de arquitectura y urbanismo<br>DAU | 17764707 |

Instituto de Investigaciones de la
 Amazonia Peruana

Ave. Quiñones Km. 2 2

Iquitos                      PERU

*Folia amazónica*

28741137

---

Instituto de Pastoral Andina

Apartado Postal 1018

Cusco                        PERU

*Allpanchis, Revista del Instituto de Pastoral Andina*

11012830

---

Instituto del Mar del Perú
Centro de Información y Documentación

Apartado 22

Callao                       PERU

*Informe*

*Boletín*

1395108

---

Instituto Geológico, Minero y Metalúrgico
INGEMMET

Casilla 1302

Lima 100                     PERU

*De re metallica, de la minería y los metales, revista del Instituto Geológico, Minero y Metalúrgico*  11244402

---

Instituto Linguístico de Verano
Dpto. de E's E-L's

Casilla 2492

Lima 100                     PERU

*Comunidades y culturas peruanas*

2459000

---

Instituto Linguístico de Verano
Summer Institute of Linguistics, Dpto. de E's E-L's

Casilla 2492

Lima 100                     PERU

*Revista Latinoamericana de Estudios Etnolinguísticos*  8607984

*Informe anual sobre las actividades del Instituto Linguístico de Verano*  16571367

---

144

| INSTITUTION AND ADDRESS | PUBLICATIONS AND OCLC NO. | |
|---|---|---|
| Instituto Peruano de Administración de Empresas | Memoria | 17531718 |
| Apartado 4075 | Gerencia | 4813956 |
| Lima PERU | | |
| Instituto Peruano de Administración de Empresas | Anales de la Conferencia Anual de Ejecutivos | 4412467 |
| Apartado 4075 | | |
| Lima PERU | | |
| Instituto Peruano de Polemología | Revista | 15852812 |
| Apartado Postal 2284 | | |
| Lima 1 PERU | | |
| Instituto Peruano de Seguridad Social Centro de Documentación y Información | Documenta, Revista científica, técnica bibliográfica del IPSS | 31509121 |
| Domingo Cueto no. 120 | | |
| Lima 11 PERU | | |
| Movimiento Homosexual de Lima | Conducta impropia | 14082934 |
| Mariscal Miller 828 Jesús María Lima 11 PERU | | |
| Museo Nacional de Historia Plaza Bolivar - Pueblo Libre | Arqueológicas | 3046356 |
| Apartado No. 1992 Jiron Ancash 390 Lima PERU | Historia y cultura | 1585713 |

| INSTITUTION AND ADDRESS | PUBLICATIONS AND OCLC NO. |
|---|---|
| Museo Nacional de la Cultura Peruana | Revista del Museo Nacional |
| | 1755923 |
| Av. Alfonso Ugarte 650 | |
| Casilla Postal 3048 | |
| Lima PERU | |
| Peru Reporting | The Peru report's guide agribusiness in Peru |
| | 29903746 |
| Av. San Felipe 539, Jesús María | |
| Lima PERU | |
| Pontificia Universidad Católica del Perú | Lima economía, Revista del Departamento |
| Biblioteca Central | de Economía |
| Apartado Postal 1761 | Debates en sociología |
| | 8425869 |
| Lima PERU | |
| Pontificia Universidad Católica del Perú | Antropológica del Departamento de |
| Biblioteca Central | Ciencias Sociales 10583158 |
| Apartado Postal 1761 | Revista de Psicología |
| | 29684470 |
| Lima PERU | |
| Pontificia Universidad Católica del Perú | Dedalo |
| Biblioteca Central | 30584513 |
| Apartado Postal | Economía |
| | 4331222 |
| Lima 100 PERU | |
| Pontificia Universidad Católica del Perú | Histórica |
| Biblioteca Central | 5094781 |
| Apartado Postal 1761 | Lexis |
| | 4012868 |
| Lima PERU | |

| INSTITUTION AND ADDRESS | PUBLICATIONS AND OCLC NO. | |
|---|---|---|
| Pontificia Universidad Católica del Perú | Derecho | |
| Biblioteca Central | | 22457058 |
| Apartado Postal 1761-5729 | Espacio y desarrollo | |
| | | 21963727 |
| Lima                    PERU | | |
| Pontificia Universidad Católica del Perú | Boletín de la Pontificia Universidad Católica | |
| Instituto Riva Aguero, Servicio de Cooperación con el Magisterio | del Perú | 13018313 |
| Apartado Postal 1761 | Enseñanza de la historia | |
| Camana 459 | | 2260777 |
| Lima 100                PERU | | |
| Pontificia Universidad Católica del Perú | Boletín del Instituto Riva-Aguero | |
| Instituto Riva-Aguero, Servicio de Cooperación con el Magisterio | | 2263580 |
| Apartado Postal 1761 | Anthropologica del Departamento de | |
| Camana 459 | Ciencias Sociales | 10583158 |
| Lima 100                PERU | | |
| Pontificia Universidad Católica del Perú | Themis, Revista de derecho | |
| Programa Académico de Derecho | | 23714330 |
| Apartado Postal 1761-5729 | | |
| Lima 100                PERU | | |
| Revista de la Asociación Vida y Espiritualidad | VE, Revista de Refleción y testimonio cristiano | |
| "VE" | | 13539291 |
| Apartado Postal 170077 | | |
| Lima 17                 PERU | | |
| Servicio de Geología y Minería | De re metallica de la minería y | |
| Biblioteca | los metales | 11244402 |
| Paz Soldán 225 | Serie A, Carta geológica nacional | |
| | | 8029888 |
| Lima 27                 PERU | | |

| INSTITUTION AND ADDRESS | PUBLICATIONS AND OCLC NO. |
|---|---|
| Sociedad Geográfica de Lima | Anuario geográfico del Perú |
| | 3188941 |
| Apartado 100-1176 | |
| Lima 100                PERU | |
| Sociedad Geológica del Perú | Boletín de la Sociedad Geológica del Perú |
| | 1382276 |
| Avenida Arnaldo Márquez 2277 | |
| Apartado Postal 2559 | |
| Lima 100                PERU | |
| Sociedad Química del Perú | Boletín de la Sociedad Química del Perú |
| Avenida Nicolas de Aranibar,  Casilla 891 | |
| Sta. Beatriz | |
| Lima 100                PERU | |
| Universidad de Lima | Cuadernos de historia |
| Facultad de Ciencias Humanas, Depto. Academico de Ciencias Humanas | 15995829 |
| Av. Javier Prado Este S/N Monterrico , Apartado 852 | |
| Lima                PERU | |
| Universidad de Lima | Ensayos de econometría |
| Facultad de Economía | 19501667 |
| Avenida Javier Prado Este S/N | |
| Apartado 852 | |
| Monterrico, Lima 100                PERU | |
| Universidad de Lima | Ciencia económica |
| Facultad de Economía,  Centro de Investigaciones Económicas  Sociales | 24485947 |
| Avenida Javier Prado Este S/N | Entorno económico |
| Apartado 852 | 24024243 |
| Monterrico, Lima 100                PERU | |

| INSTITUTION AND ADDRESS | PUBLICATIONS AND OCLC NO. | |
|---|---|---|
| Universidad de Lima<br>Oficina Coordinadora de Investigación<br><br>Avenida Javier Prado Este S/N<br>Apartado 852<br>Monterrico, Lima 100     PERU | Avances de investigación<br><br>Scientia et praxis | 8332003<br><br>2267556 |
| Universidad de Lima<br>Programa de Post-Grado en Economía<br><br>Avenida Javier Prado Este S/N<br><br>Monterrico     PERU | Revistas finanzas públicas | 17352502 |
| Universidad de San Martín de Porres<br>Facultad de Derecho<br><br>Av. Javier Prado Oeste 580<br>San Isidro<br>Lima 27     PERU | Revista de derecho vox juris | 28694301 |
| Universidad del Pacífico<br>Biblioteca-Sección Canje<br><br>Av. Salaverry 2020 - Apartado 4683<br><br>Lima 100     PERU | Informe de coyuntura<br>Evolución de la economía peruana<br>Revista de posgrado | 25525942<br><br>24890468 |
| Universidad del Pacífico<br>Biblioteca-Sección Canje<br><br>Av. Salaverry 2020 - Apartado 4683<br><br>Lima 100     PERU | Novum<br><br>Apuntes: Revista de ciencias sociales | 18310291<br><br>1794971 |
| Universidad del Pacífico<br>Biblioteca-Sección Canje<br><br>Av. Salaverry 2020 - Apartado 4683<br><br>Lima 100     PERU | Casos en administración de organizaciones<br>que operan en el Perú<br>Punto de equiibrio | 22660711<br><br>31977412 |

| INSTITUTION AND ADDRESS | PUBLICATIONS AND OCLC NO. |
|---|---|
| Universidad Nacional de Trujillo<br><br>Apartado No. 315<br><br>Trujillo    PERU | A.M.A.U.T.A.<br><br>13877371<br><br>Archivos de Oftalmología del Norte del Perú |
| Universidad Nacional de Trujillo<br><br>Apartado No. 315<br><br>Trujillo    PERU | Investigaciones arqueológicas<br><br>Lengua y ciencia |
| Universidad Nacional de Trujillo<br>Museo de Arqueologia<br><br>Pizzaro No. 349<br><br>Trujillo    PERU | Catálogo iconográfico mochica<br><br>Revista del mundo arqueología |
| Universidad Nacional del Altiplano<br><br>Casilla Postal 291<br><br>Puno    PERU | Investigación<br><br>30818671<br><br>Revista de la Universidad Nacional del Altiplano<br>32539425 |
| Universidad Nacional Mayor de San Marcos<br>Dirección Universitaria de Biblioteca y Publicaciones<br><br>Apartado 454<br><br>Lima 1    PERU | Ciencias - Medicina<br><br>Letras<br><br>2263491 |
| Universidad Nacional Mayor de San Marcos<br>Dirección Universitaria de Biblioteca y Publicaciones<br><br>Apartado 454<br><br>Lima 1    PERU | Revista de derecho y ciencias políticas<br><br>1326267<br><br>Teatro - Universitario |

| INSTITUTION AND ADDRESS | PUBLICATIONS AND OCLC NO. | |
| --- | --- | --- |
| Universidad Nacional Mayor de San Marcos<br>Facultad de Ciencias Económicas<br><br>Casilla Postal 1532<br><br>Lima 1       PERU | La Nueva economía | 19611538 |
| Universidad Nacional Mayor de San Marcos<br>Instituto Raul Porras Barrenechea, Centro de Investig.<br><br>Colina 398<br><br>Lima 18       PERU | Boletín | 16812696 |
| Universidad Nacional Mayor de San Marcos<br>Museo de Arqueología y Etnología<br><br>Azangaro 931<br><br>Lima       PERU | Arqueologia y sociedad<br><br>Lecturas en arqueología | 1107376<br><br>16905654 |
| Universidad Peruana Cayetano Heredia<br>Dir. de Biblioteca y Publicaciones<br><br>Calle Honorio Delgado N. 430 Urb. Ingeniera<br>Apartado 2563<br>Lima 100       PERU | Acta herediana<br><br>Boletín de la Universidad Peruana<br>  Cayetano Heredia | 3269864<br><br>5210868 |
| Asociación de Ciencia Política<br> y Relaciones Internacionales del Uruguay<br><br>Brandzen 1961, Esc. 102, Entrepiso<br><br>Montevideo       URUGUAY | Boletín | 16670865 |
| Asociación Internacional de Radiodifusión<br><br><br>Cnel. Brandzen<br><br>Montevideo 11200       URUGUAY | La Gaceta de A.I.R. | 27366887 |

| INSTITUTION AND ADDRESS | PUBLICATIONS AND OCLC NO. | |
|---|---|---|
| Asociación Latinoamericana de Armadores | Libro del año | |
| Río Negro 1394, Oficina 502 | Boletín informativo | |
| Casilla de Correo 767 | | 5260986 |
| Montevideo          URUGUAY | | |
| Asociacion Latinoamericana de Integración | Ambito empresarial | 20389143 |
| Cebollati 1461 | Boletín Mensual | |
| Casilla de Correos 577 | | 20860274 |
| Montevideo 11.000          URUGUAY | | |
| Asociacion Latinoamericana de Integración | Síntesis ALADI | |
| | | 8509716 |
| Cebollati 1461 | Libros: boletín mensual | |
| Casilla de Correos 577 | | |
| Montevideo 11.000          URUGUAY | | |
| Banco Central del Uruguay | Normas vigentes sobre materia banco | |
| Biblioteca | centralista | 2239713 |
| Uruguay y Florida, Piso 6, C. Correo 1467 | Reseña de la actividad económico-financiera | |
| | | 2242168 |
| Montevideo          URUGUAY | | |
| Banco de la República Oriental del Uruguay | Cifras del comercio exterior | |
|   Oficina de Relaciones Públicas | | 9845280 |
| Cerrito 351 | Memoria | |
| Montevideo 11.000          URUGUAY | | |
| Banco de Previsión Social | Informe estadístico anual | |
| Area de la Salud | | 15876237 |
| Av. Fernández Crespo 1621 | | |
| Montevideo          URUGUAY | | |

| INSTITUTION AND ADDRESS | PUBLICATIONS AND OCLC NO. | |
|---|---|---|
| Banco de Previsión Social<br>Asesoría Económica y Actuarial<br><br>Av. Fernández Crespo 1621, 1º Piso<br><br>Montevideo          URUGUAY | Boletín estadístico | 18059475 |
| Banco de Seguros del Estado<br>Biblioteca<br><br>Av. Lib. Gral. Lavalleja 1465<br>Casilla de Correo 473<br>Montevideo          URUGUAY | Seguros: Revista del Banco de<br>    Seguros del Estado | 7475003 |
| Banco Hipotecario del Uruguay<br>Biblioteca<br><br>Av. Fernández Crespo 1508<br>Casilla de Correo 10.627<br>Montevideo          URUGUAY | Boletín estadístico | 13622900 |
| Biblioteca Nacional<br>Publicaciones y Canje Internacional<br><br>18 de Julio 1790<br><br>Montevideo          URUGUAY | Anuario bibliográfico uruguayo<br><br>Deslindes | 1481641<br><br>27408789 |
| Bolsa de Valores de Montevideo<br><br>Misiones 1400<br><br>Montevideo          URUGUAY | Boletin mensual<br><br>Informe anual | |
| Bolsa de Valores de Montevideo<br><br>Misiones 1400<br><br>Montevideo          URUGUAY | Informe trimestral | 25495725 |

| INSTITUTION AND ADDRESS | PUBLICATIONS AND OCLC NO. | |
|---|---|---|
| Cámara de Industrias del Uruguay<br>Departamento de Estudios Económicos | Evolución de las exportaciones en<br>... y Perspectivas para... | 24252454 |
| Av. Lib. Gral. Lavalleja 1672, 1º Piso | Memoria y balance | |
| Casilla de Correo 440<br>Montevideo URUGUAY | | 5189978 |
| Cámara Nacional de Comercio<br>Servicio de Información y Biblioteca | Informe anual Bolsa de Comercio | 16531401 |
| Rincón 454, 2º Piso | Revista de la Cámara Nacional de<br>Comercio | |
| Montevideo URUGUAY | | |
| Centro de Documentación y Biblioteca<br>CIESU | Estudios sobre la sociedad uruguaya | 2382158 |
| Casilla de Correo 10587 | Colección cuadernos de CIESU | |
| Montevideo URUGUAY | | |
| Centro de Estudios para la Democracia Uruguaya | Revista para el desarrollo nacional | |
| Avda. 18 de Julio 1465, 1º Piso, Esc. 101 | Claves | 2382158 |
| Montevideo 11200 URUGUAY | | |
| Centro de Investigación, Formación y<br>Asistencia en Psicología Social y Grupal (CIFA) | Revista del CIFA | 20784955 |
| Dante 2210 | | |
| Montevideo URUGUAY | | |
| Centro de Investigación y Experimentación Pedagógica<br>Biblioteca | Punto 21 | 5061821 |
| 18 de Julio 965. P. 3 | | |
| Montevideo 11.100 URUGUAY | | |

| INSTITUTION AND ADDRESS | PUBLICATIONS AND OCLC NO. | |
|---|---|---|
| Centro de Investigación y Promoción Franciscano y Ecológico | Peregrinos: Boletín informativo de la familia franciscana del Uruguay | |
| Calones 1164, Casilla de Correo 13125 | | |
| Montevideo 11.100　　URUGUAY | | |
| Centro de Investigaciones Agrícolas "Alberto Boerger" - Biblioteca, Sección Canje | Investigaciones agronómicas | 10309529 |
| La Estanzuela, Colonia　　URUGUAY | | |
| Centro de Investigaciones Económicas Sección Canje | Suma | 17395304 |
| Guayabo 1729, Apartado 702 | | |
| Montevideo 11.100　　URUGUAY | | |
| Centro Interamericano de Investigaciones y Documentación sobre Formación Profesional | Boletin CINTERFOR | 6785532 |
| Av. Uruguay 1238, C. Correo 1761 | CINTERFOR Report of Activities | |
| Montevideo　　URUGUAY | | |
| Centro Interamericano de Investigaciones y Documentación sobre Formación Profesional | FP- Revista CINTERFOR | |
| Av. Uruguay 1238, C. Correo 1761 | Documentación  (CINTERFOR ) | 13766092 |
| Montevideo　　URUGUAY | | |
| Centro Latinoamericano de Economía Humana | Cuadernos del CLAEH: Revista uruguaya de ciencias sociales | 13032880 |
| Zelmar Michelini 1220 Casilla de Correo 5021 Montevideo 11.100　　URUGUAY | Notas del CLAEH | 18241269 |

| INSTITUTION AND ADDRESS | PUBLICATIONS AND OCLC NO. |
|---|---|
| Centro Latinoamericano de Economía<br>  Humana<br><br>Zelmar Michelini 1220<br>Casilla de Correo 5021<br>Montevideo 11.100    URUGUAY | Serie investigaciones<br><br>10198454 |
| Centro Militar<br>Departamento Editorial<br><br>Av. Lib. Gral. Lavalleja 1546, 6º Piso<br><br>Montevideo    URUGUAY | El Soldado<br><br>5244803 |
| Centro Uruguay Independiente<br><br>25 de Mayo 591, 2º Piso<br><br>Montevideo 11.000    URUGUAY | Uruguay en la coyuntura<br><br>30099033 |
| CIEDUR<br><br>Joaquin Requeña 1375<br><br>11200 Montevideo    URUGUAY | Serie investigaciones (Montevideo, Uruguay)<br>14169032 |
| Círculo Militar General Artigas<br>Biblioteca Artiguistal<br><br>Av. 18 de Julio 2143<br><br>Montevideo    URUGUAY | Boletin de la Biblioteca Artiguista<br><br>4813975 |
| Club Naval<br><br>Soriano 1117<br><br>Montevideo    URUGUAY | Revista naval<br><br>20805560 |

| INSTITUTION AND ADDRESS | PUBLICATIONS AND OCLC NO. | |
|---|---|---|
| Colegio de Doctores en Ciencias Económicas y Contadores del Uruguay | Revista de economía, finanzas y administración | 7089695 |
| Colonia 981, 1º Piso | | |
| Montevideo          URUGUAY | | |
| Comisión de Integración Eléctrica Regional Secretaría General | Boletín | 17342231 |
| Blvd. Artigas 1040, Casilla de Correo 648 | | |
| Montevideo          URUGUAY | | |
| Comisión Honoraria para la Lucha Antituberculosa Sección Educación y Propaganda | Memoria | |
| Av. 18 de Julio 2175, 5º Piso | | |
| Montevideo          URUGUAY | | |
| Comunicaciones | Boletín del trebel | |
| Tacuarembo 1412 | Comuncaciones en las empresas | 5237153 |
| Montevideo          URUGUAY | | |
| Dirección General de Estadística y Censos - Biblioteca | Encuesta continua de hogares | 20873295 |
| Cuareim 2052 | Síntesis estadística | 24223519 |
| Montevideo          URUGUAY | | |
| Dirección General de Estadísticas y Censos - Biblioteca | Anuario estadístico | 2255529 |
| Cuareim 2052 | | |
| Montevideo          URUGUAY | | |

| INSTITUTION AND ADDRESS | PUBLICATIONS AND OCLC NO. | |
|---|---|---|
| Dirección General de Estadísticas y Censos - Biblioteca | Encuesta industrial trimestral: indicadores económicos | 13593533 |
| Cuareim 2052 | Salarios (DGEC) | 20737670 |
| Montevideo          URUGUAY | | |
| Dirección Nacional de Energía | Balance energético nacional | 12533572 |
| Rincón 723, P. 31 | Boletín mensual energético | 9428196 |
| Montevideo          URUGUAY | | |
| Dirección Nacional de Minería y Geología Centro de Relaciones | Industria extractiva de la República Oriental del Uruguay | 8793987 |
| Hervidero 2861 | | |
| Montevideo          URUGUAY | | |
| Dirección Nacional de Recursos Humanos | Informe especial | 21161911 |
| Juncal 1517, 2º Piso | | |
| Montevideo          URUGUAY | | |
| Editor Moana Prof. Olaf Blixen | Moana | 4149638 |
| Casilla Postal 495 | | |
| Montevideo          URUGUAY | | |
| Estado Mayor del Ejército Departamento de Estudios Históricos, División Historial | Boletín histórico del ejército | 4430422 |
| Garibaldi 2313 | | |
| Montevideo          URUGUAY | | |

| INSTITUTION AND ADDRESS | PUBLICATIONS AND OCLC NO. |
|---|---|
| Federación Uruguaya de Centros Regionales de Experimentación Agropecuaria | Comunicación : Boletín mensual de FUCREA 19836901 |
| Juan D. Jackson 1127 | |
| Montevideo URUGUAY | |
| Instituto Artigas del Servicio Exterior Biblioteca | Revista diplomática 18110261 |
| Colonia 1206 - 1º Piso | |
| Montevideo URUGUAY | |
| Instituto de Estudios Legales y Sociales del Uruguay | Revista del IELSUR |
| Pza. Independencia 1376, piso 8, Ap 8 | |
| 11.100 Montevideo URUGUAY | |
| Instituto de Investigaciones Biológicas Clemente División Zoología Experimental | Aracnología 12218896 |
| Av. Italia 3318 | |
| Montevideo URUGUAY | |
| Instituto de Promoción Económico-Social del Uruguay | Caminando 31395587 |
| Colonia 2069, Casilla de Correo 10.690, Dist. 1 | |
| 11.200 Montevideo URUGUAY | |
| Instituto Interamericano del Niño Biblioteca Especializada | Infancia: Boletín del Instituto 25991688 |
| Av. 8 de Octubre 2904, Casilla de Correo 16212 | |
| Montevideo URUGUAY | |

| INSTITUTION AND ADDRESS | PUBLICATIONS AND OCLC NO. | |
|---|---|---|
| Instituto Interamericano del Niño<br>Centro de Información Computarizada<br><br>Av. 8 de Octubre 2904, C. Correo 16212<br><br>Montevideo, 11600          URUGUAY | Revista bibliográfica: Serie sobre<br>aspectos jurídicos<br><br>Revista bibliográfica: Serie sobre<br>asuntos sociales | 24176599<br><br>24170887 |
| Instituto Interamericano del Niño<br>Centro de Información Computarizada<br><br>Av. 8 de Octubre 2904, C. Correo 16212<br><br>Montevideo, 11600          URUGUAY | Revista bibliográfica: Serie sobre<br>educación<br><br>Revista bibliográfica: Serie sobre<br>farmacodependencia | 24169017<br><br>24167694 |
| Instituto Nacional de Carnes<br>Centro de Documentación<br><br>Rincón 545<br><br>11000 Montevideo          URUGUAY | Anuario estadístico de existencias,<br>faena y exportación<br><br>Marco normativo de la política<br>agropecuaria | 24564783<br><br>8204374 |
| Instituto Nacional de Pesca<br>Biblioteca<br><br>Constituyente 1497<br>Casilla de Correo 1612<br>11.200 Montevideo          URUGUAY | Boletin comercial INAPE | 7939123 |
| Mario Raul Clerico<br><br>Echeveria 541<br><br>Montevideo          URUGUAY | Informaciones actualizadas sobre ALALC | 4943637 |
| Ministerio de Economia y Finanzas<br>Contaduria General de la Nación - Biblioteca<br><br>Colonia 1089, 2 Piso<br><br>Montevideo          URUGUAY | Estadística del sector público | |

| INSTITUTION AND ADDRESS | PUBLICATIONS AND OCLC NO. | |
|---|---|---|
| Museo Historico Nacional<br>Casa de Rivera<br><br>Rincon 437<br><br>Montevideo 11,000  URUGUAY | Revista historica | 9711771 |
| Museo Nacional de Historia Natural<br><br><br>Buenos Aires 652, Casilla de Correo 399<br><br>Montevideo 11,000  URUGUAY | Comunicaciones antropológicas<br><br>Comunicaciones botánicas | 11162752<br><br>4674293 |
| Museo Nacional de Historia Natural<br><br><br>Buenos Aires 652, Casilla de Correo 399<br><br>Montevideo 11,000  URUGUAY | Publicación extra<br><br>Flora del Uruguay | 17403657<br><br>7536263 |
| Museo Nacional de Historia Natural<br><br><br>Buenos Aires 652<br>Casilla de Correo 399<br>Montevideo 11,000  URUGUAY | Comunicaciones  paleontológicas<br><br>Comunicaciones zoológicas | 6265753<br><br>1730977 |
| Museo Nacional de Historia Natural<br><br><br>Buenos Aires 652<br>Casilla de Correo 399<br>Montevideo 11,000  URUGUAY | Serie de divulgación | 17634569 |
| Nueva Congregación Israelita de<br>  Montevideo<br><br>Río Branco 1168<br><br>Montevideo  URUGUAY | Voz | 23440100 |

| INSTITUTION AND ADDRESS | PUBLICATIONS AND OCLC NO. | |
|---|---|---|
| Presidencia de la República<br>Sec. Técnica de Publicac. Oficina Nacional del Servicio Civil<br>Av. Dr. Luis A. de Herrea 3050, 1º Piso<br><br>Montevideo　　　　　URUGUAY | Revista de administración pública<br>Uruguaya | 18316712 |
| Programa de las Naciones Unidas<br>　para el Desarrollo<br><br>Plaza Cagancha 1335, Casilla de Correo 1207<br><br>Montevideo　　　　　URUGUAY | Cooperación para el desarrollo<br>　recibida por Uruguay | 23865752 |
| Servicio de Oceanografía, Hidrografía y Meterolólogia<br>　Biblioteca<br><br>Capurro 980, Casilla de Correo 1381<br><br>Montevideo　　　　　URUGUAY | Almanaque | 16402429 |
| Universidad ?<br>　Facultad de Humanidades y Ciencias<br><br>Casilla de Correo 157<br><br>Montevideo　　　　　URUGUAY | Revista de Biología del Uruguay | 4031518 |
| Universidad de la República<br>Facultad de Ciencias Económicas y Administrativas<br>-Instituto de Estadísticas<br>Av. Gonzalo Ramírez 1926<br><br>Montevideo　　　　　URUGUAY | Encuesta de coyuntura sector<br>　construcciones<br><br>Indice de precios al consumidor<br>　para hogares de menores... | 24631465 |
| Universidad de la República<br>Facultad de Derecho y Ciencias Sociales. Depto. de Documentación y Bibliotec.<br>Av. 18 de Julio 1824, 1º Piso<br><br>Montevideo　　　　　URUGUAY | Revista de la Facultad de Derecho<br>　y Ciencias Sociales | 19242858 |
| | Anales de la Facultad de Odontologia | 10263512 |

| INSTITUTION AND ADDRESS | PUBLICATIONS AND OCLC NO. | |
|---|---|---|
| Universidad de la República | Revista de ciencias sociales | |
| Facultad de Derecho y Ciencias Sociales, Instituto de Ciencias Sociales - Biblioteca | | 17218002 |
| José Enrique Rodó 1866 | | |
| Montevideo  URUGUAY | | |
| Academia de Ciencias Físicas Matemáticas y Naturales | Boletín de la Academia de Ciencias Físicas, Matemáticas y Naturales | 2444265 |
| Palacio de las Academias | | |
| Apartado 1421 Caracas 1010-A  VENEZUELA | | |
| Academia de Ciencias Políticas y Sociales | Boletín de la Academia de Ciencias Politicas y Sociales | 2260710 |
| Palacio de las Academias - Bolsa a San Francisco | | |
| Avenida Universidad Apdo 1121 Caracas 1010-A  VENEZUELA | | |
| Academia Nacional de la Historia Biblioteca - Antigua Universidad Central | Boletín de la Academia Nacional de la Historia | 1460627 |
| Palacio de las Academias | | |
| Caracas  VENEZUELA | | |
| Academia Venezolana de la Lengua Correspondiente de la Española - Antigua Universidad Central | Boletín de la Academia Venezolana Correspondiente | |
| Palacio de las Academias | | |
| Caracas  VENEZUELA | | |
| Archivo General de la Nación | Boletín del Archivo General de la Nación | 6471926 |
| Avenida Urdaneta, Santa Capilla a Carmelitas, 15 | | |
| Caracas, 1010  VENEZUELA | | |

| INSTITUTION AND ADDRESS | PUBLICATIONS AND OCLC NO. | |
|---|---|---|
| Archivo Histórico de Miraflores<br>Secretaria de la Presidencia de la República<br><br>Palacio Blanco<br><br>Caracas    VENEZUELA | Boletín del Archivo Histórico de<br>Miraflores | 1473465 |
| Archivos Lationoamericanos de Nutrición<br><br>Apartado 62778<br>Chacao<br>Caracas 1060    VENEZUELA | Archivos latinoamericanos de nutrición | 11907603 |
| Artesanía y Folklore de Venezuela<br><br>Apartado 60-935 Chacao<br><br>Caracas    VENEZUELA | Artesaní a y Folklore de Venezuela | 4011243 |
| Banco Central de Venezuela<br>Biblioteca Ernesto Peltzer<br><br>Apartado Postal 2017<br><br>Caracas 1010    VENEZUELA | Memoria<br><br>Boletín trimestral | 2943445<br><br>11073981 |
| Banco Central de Venezuela<br>Biblioteca Ernesto Peltzer<br><br>Apartado Postal 2017<br><br>Caracas 1010    VENEZUELA | Revista del Banco Central de Venezuela | 17406392 |
| Banco Central de Venezuela<br>Biblioteca Ernesto Peltzer<br><br>Apartado Postal 2017<br><br>Caracas 1010    VENEZUELA | Informe económico<br><br>Boletín mensual | 1161877<br><br>2968958 |

| INSTITUTION AND ADDRESS | PUBLICATIONS AND OCLC NO. |
|---|---|
| Banco Nacional de Ahorro y Prestamo<br><br>Apartado 6760<br>Av.Venezuela - El Rosal, Edif. Banap<br>Caracas VENEZUELA | Boletín estadístico<br>14169469 |
| Centro de Actividades Literarias<br>José Antonio Ramos Sucre - Biblioteca<br><br>Casa Ramos Surce - Calle Surce 29<br><br>Cumaná 6101 - Edo. Sucre VENEZUELA | Trizas de papel |
| Centro de Estudios Latinoamericanos<br> Rómulo Gallegos<br><br>Apartado 69132<br><br>Caracas 1062 VENEZUELA | Actualidades : Revista de la<br> Fundación CELARG 3057780<br><br>Boletín informativo |
| Centro de Estudios Sefardíes<br><br>Apartado Postal 17216<br><br>Caracas 1015-A VENEZUELA | Maguen-Escudo<br>11978604 |
| Centro de Información, Documentación para<br>América Latina<br><br>Apartado 70.442<br>Los Ruices<br>Caracas 1071 -A VENEZUELA | Centro de Información, Documentación y<br>Analysis Lationamericano |
| Centro Nacional de Investigaciones Agropecuarias<br> Oficina de Comunicación Agrícola<br><br>Apartado 4653<br><br>Maracay 200, Aragua VENEZUELA | Agronomía tropical<br>1478596<br><br>Fonaiap divulga<br>9233321 |

| INSTITUTION AND ADDRESS | PUBLICATIONS AND OCLC NO. |
|---|---|
| Centro para las Cultures Populares y Tradicionales<br>CCPYT Biblioteca<br><br>Apartado de Prados del Este 81015<br><br>Caracas       VENEZUELA | Revista Inidef<br><br>3696771 |
| Compañia Nacional de Reforestación<br>Centro de Invesigaciones en Plantaciones Forestales<br><br>Centro Andres Bello, 7 Piso, Ofic. 73-0<br>Apartado 17015<br>El Conde, Caracas 101    VENEZUELA | Venezuela forestal<br><br>22928844 |
| Congreso de la República<br>Dirección General de Servicios<br><br>Sección de Biblioteca<br><br>Caracas       VENEZUELA | Camara Alta : Boletín Informativo<br><br>23657467 |
| Consejo Nacional de la Cultura<br>Distribucion de Publicaciones<br><br>Quinto Luisiana, Entre Paris y Londres<br>Las Mercedes<br>Caracas 1060    VENEZUELA | Revista nacional de cultura<br><br>1639896 |
| Consejo Nacional de Universidades<br>Oficina de Planificación del Sector Universitario<br><br>Apartado 1346 - Carmelitas<br><br>Caracas 1011    VENEZUELA | Informador universitario<br><br>6164525 |
| Contraloría General de la República<br>Departamento de Prensa y Relaciones Públicas<br><br>Apartado 8137<br><br>Caracas       VENEZUELA | Revista de control fiscal<br><br>2177497 |

| INSTITUTION AND ADDRESS | PUBLICATIONS AND OCLC NO. |
|---|---|
| Direccíon de Cultura del Estado de Mérida<br><br>Av. 4 Bolívar no. 25-32<br><br>Mérida 5101　　　　VENEZUELA | Solar<br><br>12409760 |
| Fiscalía General de la República<br>Biblioteca Central Rafael ArveloTorrealba<br><br>Manduca a Ferrenquín<br>La Candelaria<br>Caracas 1011　　　　VENEZUELA | Informe del Fiscalía General<br><br>25866927<br><br>Ministerio público |
| Fundación Instituto Botánico de Venezuela<br>Biblioteca "Henry Pittier", Jardín Botántico de Caracas<br><br>Avenida Salvador Allende, Plaza Venezuela, Aprto 2156<br><br>1010A Caracas　　　　VENEZUELA | Acta Botánica Venezuelica<br><br>2444313<br><br>Flora de Venezuela<br><br>2023156 |
| Fundación La Salle de Ciencias Naturales<br>Biblioteca de Ciencias Naturales<br><br>Apartado 1930 - Carmelitas<br>Avda. Boyaca, Edic. Fundación<br>Caracas 1010-A　　　　VENEZUELA | Memoria<br><br>Natura : Revista de Divulgación<br>Científica　　　　5211660 |
| Fundación La Salle de Ciencias Naturales<br>Biblioteca de Ciencias Naturales<br><br>Apartado 1930 - Carmelitas<br>Avda. Boyaca, Edic. Fundación<br>Caracas 1010-A　　　　VENEZUELA | Antropológica<br><br>2257607 |
| Fundación para el Desarrollo de la Region Centro<br>Occidental de Venezuela (FUDECO)- Biblioteca Técnica<br>Científica Centralizada<br>Apartado 254<br><br>Barquisimeto 3001-A, Edo. Lara　　VENEZUELA | Region : Boletín Informativo de FUDECO<br><br>750998 |

| INSTITUTION AND ADDRESS | PUBLICATIONS AND OCLC NO. | |
|---|---|---|
| Fundación para el Rescate del Acervo Documental Venezolano (FUNRES)<br><br>Qta.El Rincon, Av. Principal El Rosario con<br>4ta. Transversal - Los Chorros<br>Caracas  VENEZUELA | Boletin de la  Fundación para el Rescate del Acervo Documental Venezolano | 18178548 |
| Fundación Venezolana para la Conservación de la Diversidad - BIOMA<br><br>Apartado de Correos 1968<br><br>Caracas 1010-A  VENEZUELA | Ambito<br><br>Avance forestal | 23835009<br><br>23896914 |
| Fundación Venezolana para la Conservación de la Diversidad - BIOMA<br><br>Apartado de Correos 1968<br><br>Caracas 1010-A  VENEZUELA | Recursos | 28639228 |
| Fundación Vicente Emilio Sojo<br><br>Av.Santigo de Chile no. 17 - Los Caobos<br>Apartado Postal 70537<br>Caracas 1010-A  VENEZUELA | Revista musical de Venezuela | 8910641 |
| Instituto Autónomo Biblioteca Nacional y de Servicios de Bibliotecas - Dirección de Servicios Bibliotecarios<br><br>Apartado Postal 6525 Final Avda. Panteón Foro<br> Libertador, San José<br>Caracas 1010  VENEZUELA | Bibliografía venezolana<br><br>Boletín indigenista venezolano | 9642503<br><br>2258462 |
| Instituto Autónomo Biblioteca Nacional y de Servicios de Bibliotecas - Dirección de Servicios Bibliotecarios<br><br>Apartado Postal 6525 Final Avda. Panteón Foro<br>Libertador, San José<br>Caracas 1010  VENEZUELA | Boletín ISBN, Venezuela<br><br>Investigador venezolano | 19219174<br><br>13785674 |

| INSTITUTION AND ADDRESS | PUBLICATIONS AND OCLC NO. |
|---|---|
| Instituto Autónomo Biblioteca Nacional y de Servicios de Bibliotecas - Dirección de Servicios Bibliotecarios<br><br>Apartado Postal 6525 Final Avda. Panteón Foro Libertador, San José<br>Caracas 1010      VENEZUELA | Revista nacional de cultura<br><br>1639896<br><br>Folios, revista de Monte Avila Editores<br><br>24992387 |
| Instituto Autónomo Biblioteca Nacional y de Servicios de Bibliotecas - Dirección de Servicios Bibliotecarios<br><br>Apartado Postal 6525 Final Avda. Panteón Foro Libertador, San José<br>Caracas 1010      VENEZUELA | Informe anual<br><br>5897461 |
| Instituto Iberoamericano de Derecho Agrario y Reforma Agraria<br><br><br><br>VENEZUELA | Derecho y reforma agraria<br><br>2398468 |
| Instituto Nacional de Cooperación Educativa Biblioteca y Documentación<br><br>Edificio Anexo, Primer Piso , 2-1 Avenida Nueva Granada<br><br>Caracas 10-40      VENEZUELA | Boletín técnico |
| Instituto Nacional de la Vivienda , Depto. de Relaciones Públicas - Centro de Documentación e Investigación<br><br>Edif. Torre "INAVI" , Edif. Anexo, 2ndo Piso -CHACAO<br><br>Caracas 1060      VENEZUELA | Memorias |
| Instituto Pedagógico de Caracas, Depto. de Geografía e Historia , Investigaciones Históricos, Torre Docente<br><br>Avda. Páez<br> El Paraiso<br>Caracas 1021      VENEZUELA | Tiempo y espacio<br><br>12379452 |

| INSTITUTION AND ADDRESS | PUBLICATIONS AND OCLC NO. | |
|---|---|---|
| Instituto Venezolano de Investigaciones Científicas - Biblioteca | Informe Anual | 5020716 |
| Apartado 21827 | Catálogo de investigadores | 23122011 |
| Caracas 1020-A                VENEZUELA | | |
| Instituto Venezolano de Estudios Sociales y Políticos INVESP | Tri-annual Report | 22852426 |
| Apartado 80948 | | |
| Caracas 1080                VENEZUELA | | |
| Lagoven, S.A. Public Relations Department | Carta ecología | 9278909 |
| Apartado 889 | | |
| Caracas 101                VENEZUELA | | |
| Ministerio de Agricultura y Cría Biblioteca Central  A lberto Adriani | Boletín de Precios de Productos Agropecuarios | 8231702 |
| Av. Lecuna Parque Central Torre Este - Piso 1 | | |
| Caracas 1010                VENEZUELA | | |
| Ministerio de Agricultura y Cría Biblioteca Central  Alberto Adriani | Anuario estadístico agropecuario | 1792130 |
| Av. Lecuna Parque Central Torre Este - Piso 1 | Memoria y cuenta | 7569227 |
| Caracas 1010                VENEZUELA | | |
| Ministerio de Educación Biblioteca Central - Centro de Documentación | Educación | 2260656 |
| Esquina de Salas , Torre de Servicio, 1º Piso | Memoria y cuenta | 30086357 |
| Caracas 1010                VENEZUELA | | |

| INSTITUTION AND ADDRESS | PUBLICATIONS AND OCLC NO. | |
|---|---|---|
| Ministerio de Energía y Minas<br>Biblioteca Juan Pablo Perez Alfonso | Petroleo y otros datos estadísticos | 1209277 |
| Torre Oeste, Piso 2 Parque Central<br>Apartado 671<br>Caracas 1010　　　　VENEZUELA | Energy in Venezuela | 11691813 |
| Ministerio de Energía y Minas<br>Biblioteca Juan Pablo Perez Alfonso | Boletín de geología | 1475737 |
| Torre Oeste, Piso 2 Parque Central<br>Apartado 671<br>Caracas 1010　　　　VENEZUELA | Carta semanal | 18023520 |
| Ministerio de Energía y Minas<br>Biblioteca Juan Pablo Perez Alfonso | Compendio estadístico del sector<br>eléctrico | 9141057 |
| Torre Oeste, Piso 2 Parque Central<br>Apartado 671<br>Caracas 1010　　　　VENEZUELA | Energía y minas : informaciones generales | 13489821 |
| Ministerio de Justicia<br>Biblioteca Central | Memoria y cuenta | 4371982 |
| Edif. Lincoln, piso 11, Torre Sur<br>Calle Real de Sabana Grande<br>Caracas　　　　VENEZUELA | | |
| Ministerio de la Secretaría de la Presidencia de la<br>Centro de Documentación biblioteca | Memoria y cuenta | 9270974 |
| Palacio de Miraflores, Edif. Administrativo<br><br>Caracas　　　　VENEZUELA | Anuario estadístico (Oficina Central de<br>Estadística e Informática) | 4409825 |
| Ministerio de Relaciones Exteriores<br>Biblioteca | Libro amarillo correspondiente al año<br>presentado al Congreso Nacional en sus .21105409 | |
| Casa Amarilla<br>Plaza Simon Bolivar<br>Caracas　　　　VENEZUELA | | |

| INSTITUTION AND ADDRESS | PUBLICATIONS AND OCLC NO. | |
|---|---|---|
| Ministerio de Sanidad y Asistencia Social<br>Oficina de Publicaciones, Biblioteca y Archivo<br><br>Centro Simon bolivar, Torre Sur, piso 3<br>Oficina 911<br>Caracas                VENEZUELA | Memoria y cuenta | 2174072 |
| Ministerio del Ambiente y de los Recursos Naturales<br>Renovables - Division General de Infraestructura<br><br>Centro Simón Bolivar , Torre Sur, Piso 15, El Silencio<br><br>Caracas                VENEZUELA | El Agua | |
| Nueva Sociedad<br><br>Apartado 61712 - Chacao<br><br>Caracas 1060-A                VENEZUELA | Nueva sociedad<br><br>Anuario de políticas exteriores<br>latinoamericanas | 2242639 |
| Nueva Sociedad<br><br>Apartado 61712 - Chacao<br><br>Caracas 1060-A                VENEZUELA | Dibujo pólitico para una nueva sociedad | 20952573 |
| Número ( Revista de Economía y Negocios)<br><br>Edif. Cerdex, PB, Calle La Gruta, Apartado 75.570<br><br>Caracas 1070                VENEZUELA | Número | 7217338 |
| Salon Indigenista, Biblioteca Nacional<br>C/O Domingo Miliani<br><br>Apartado 66857 , Las Américas 1061-A<br><br>Caracas                VENEZUELA | Boletín Indigenista Venezolano | 2258462 |

| INSTITUTION AND ADDRESS | PUBLICATIONS AND OCLC NO. | |
|---|---|---|
| Senado de la República<br>Secretaria<br><br>Palacio Federal Legislativo<br><br>Caracas 1010     VENEZUELA | Camara alta | 23657467 |
| Servicio Shel Agricultor<br>Señor Mauricio Baez, Director<br><br><br>Cagua, Estado Aragua     VENEZUELA | Noticias agrícolas | 9443969 |
| Sociedad Venezolana de Espeleología<br>Biblioteca<br><br>Apartado 47.334<br><br>Caracas 1041-A     VENEZUELA | Sociedad Venezolana de Espeleología<br>Boletín de la Sociedad Venezolana | 5268816 |
| Universidad Católica Andres Bello<br>Biblioteca - Departamento de Canje<br><br>Apartado 29068<br>Urb. Montalban - La Vega<br>Caracas 1021     VENEZUELA | Montalbán<br><br><br>Revista sobre relaicones industriales y<br>laborales | 2377959<br><br>7878206 |
| Universidad Católica Andres Bello<br>Biblioteca - Departamento de Canje<br><br>Apartado Postal 29068<br>Urb. Montalban - La Vega<br>Caracas 1021     VENEZUELA | Temas de coyuntura<br><br>Temas de comunicación | 28487189<br><br>9290569 |
| Universidad Católica Andrés Bello<br>Facultad de Derecho<br><br>Apartado 29.068<br><br>Caracas 1021     VENEZUELA | Revista de la Facultad de Derecho | 9534342 |

| INSTITUTION AND ADDRESS | PUBLICATIONS AND OCLC NO. |
|---|---|
| Universidad Católica del Táchira<br>Biblioteca<br><br>Carrera 14 con Calle 14, Apartado 366<br><br>San Cristobál, Edo. Táchira     VENEZUELA | Paramillo<br><br>14258242 |
| Universidad Central de Venezuela<br>Biblioteca Central Dpto. de Canje y Donaciones<br><br>Piso 9, Ciudad Universitaria<br><br>Caracas 1041     VENEZUELA | Epísteme NS : Revista del Instituto<br>de Filosofía     9602637 |
| Universidad Central de Venezuela<br>Biblioteca Central Dpto. de Canje y Donaciones<br><br>Piso 9, Ciudad Universitaria<br><br>Caracas 1041     VENEZUELA | Boletín del Archivo Histórico<br><br>10678960<br><br>Revista de la Facultad de Ciencias<br>Jurídicas y Políticas     8001146 |
| Universidad Central de Venezuela<br>Biblioteca Central Dpto. de Canje y Donaciones<br><br>Piso 9, Ciudad Universitaria<br><br>Caracas 1041     VENEZUELA | Cultura universitaria<br><br>2067909<br><br>Economía y ciencias sociales<br><br>1496416 |
| Universidad Central de Venezuela<br>Biblioteca Central Dpto. de Canje y Donaciones<br><br>Piso 9, Ciudad Universitaria<br><br>Caracas 1041     VENEZUELA | Politeia<br><br>2787002<br><br>Síntesis geográfica : revista de la Escuela<br>de Geografía     10755701 |
| Universidad Central de Venezuela<br>Biblioteca Central Dpto. de Canje y Donaciones<br><br>Piso 9, Ciudad Universitaria<br><br>Caracas 1041     VENEZUELA | Tiempo y espacio<br><br>12379452<br><br>Comunicación<br><br>3475017 |

| INSTITUTION AND ADDRESS | PUBLICATIONS AND OCLC NO. |
|---|---|
| Universidad Central de Venezuela<br>Centro de Documentación e Información, Max Flores Diaz<br>Apartado 47703<br><br>Caracas 1041　　　　　VENEZUELA | Economía y ciencias sociales<br><br>1496416 |
| Universidad Central de Venezuela<br>Centro de Investigaciones Históricas y Esteticas, Facultad de Arquitectura<br>Ciudad Universitaria<br><br>Caracas　　　　　VENEZUELA | Boletin del Centro de Investigaciones Historicas Esteticas<br><br>2148979 |
| Universidad Central de Venezuela<br>Direccion de Biblioteca, Informacion, Documentación y Publicación<br><br><br>Caracas　　　　　VENEZUELA | Cultura universitaria<br><br>2067909 |
| Universidad Central de Venezuela<br>Escuela de Salud Pública<br><br>Apartado 62231, Correo del Este<br><br>Caracas　　　　　VENEZUELA | Cuadernos de la Escuela de Salud Pública<br><br>7485901 |
| Universidad Central de Venezuela<br>Facultad de Agronomía - Biblioteca<br><br>Apartado 4579<br><br>Maracay, Edo. Aragua 2101　　VENEZUELA | Revista de la Facultad de Agronomía<br><br>1489269<br><br>Boletín de entomología venezolana<br><br>19739027 |
| Universidad Central de Venezuela<br>Facultad de Agronomía - Biblioteca<br><br>Apartado 4579<br><br>Maracay, Edo. Aragua 2101　　VENEZUELA | Memoria de jornadas de investigación |

| INSTITUTION AND ADDRESS | PUBLICATIONS AND OCLC NO. |
|---|---|
| Universidad Central de Venezuela<br>Facultad de Ciencias Jurídicas y Políticas  Biblioteca<br><br>Apartado de Correos 61591, Chacao Edeficio Miranda<br><br>Caracas                    VENEZUELA | Revista de  la Facultad de  Ciencias Jurídicas y Políticas<br>8001146<br><br>Politeia<br><br>2787002 |
| Universidad Central de Venezuela<br>Facultad de Humanidades y Educación- Instituto de<br>Filosofía<br><br>Ciudad Universitaria<br>Caracas                    VENEZUELA | Escritura teoria y crítica literarias |
| Universidad Central de Venezuela<br>Facultad de Ingeniería - Biblioteca<br><br>Apartado 50656, Sabana Grande, Cuidad Universitaria<br><br>Caracas 1051              VENEZUELA | Boletín técnico<br>31501914 |
| Universidad Central de Venezuela<br>Instituto de Zoología Agrícola, Facultad de Agronomía<br><br>Apartado 4579<br>C.P. 2101-A<br>Maracay, Estado Aragua     VENEZUELA | Boletín de entomología venezolana<br>19739027 |
| Universidad de Carabobo<br>Dirección de Cultura<br><br>Urb. La Alegria, Apartado 1960<br><br>Valencia, Edo. Carabobo 2002   VENEZUELA | Poesía<br>1240214<br><br>La Tuna de Oro |
| Universidad de Carabobo<br>Dirección de Plan. y Promoción<br><br>Apartado de Correos 129<br><br>Valencia, Edo. Carabobo     VENEZUELA | Planiuc<br>9515510 |

| INSTITUTION AND ADDRESS | PUBLICATIONS AND OCLC NO. |
|---|---|
| Universidad de los Andes<br>Facultad de Ciencias - Departamento de Matemática<br><br>Mérida 5101　　　　　VENEZUELA | Notas de matématicas |
| Universidad de los Andes<br>Facultad de Ciencias Forestales Herbario<br><br>Apartado 305<br><br>Mérida　　　　　VENEZUELA | Pittieria<br><br>2449687<br><br>Revista forestal venezolana<br><br>2996931 |
| Universidad de los Andes<br>Facultad de Ciencias Jurídicas y Poíticas  - Biblioteca<br><br><br><br>Merida　　　　　VENEZUELA | Anuario de la Facultad de Ciencias<br>Juridicas y Polijurídicas　　11589788<br>Revista CENIPEC<br><br>4761081 |
| Universidad de los Andes<br>Facultad de Ciencias Jurídicas y Poíticas  - Biblioteca<br><br><br><br>Merida　　　　　VENEZUELA | Derecho y reforma agraria: revista<br><br>2398468<br>Cuadernos de derecho público<br><br>18555264 |
| Universidad de los Andes<br>Facultad de  Ciencias Jurídicas y Políticas<br> (CENIPEC)<br>Apartado 730<br><br>Mérida 5101　　　　　VENEZUELA | Revista CENIPEC<br><br>4761081 |
| Universidad de los Andes<br>Facultad de Economía  - Instituto de Investigaciones<br>Económicos y Sociales<br>Edificio B, La Hechicera<br><br>Mérida 5101　　　　　VENEZUELA | Economía  revista anual de la Facultad de Economía de<br>la Universidad de Los Andes　　6074889 |

| INSTITUTION AND ADDRESS | PUBLICATIONS AND OCLC NO. | |
|---|---|---|
| Universidad de los Andes<br>Instituto de Geografía y Conservación de Recursos Naturales<br>Vía Los Chorros de Milla, Apartado 308<br><br>Mérida 5101　　　　　VENEZUELA | Revista geográfica venezolana | 13501309 |
| Universidad de los Andes<br>Instituto de Investigaciones Literarias<br><br>Los Caciques Piso 3 - Apto 8, Av. Universidad, Res.<br><br>Mérida 5101　　　　　VENEZUELA | Voz y escritura<br><br><br>Estudios literarios | 20252992 |
| Universidad de los Andes<br>Instituto Iberamericano de Derecho y  Reforma Agraria<br><br><br><br>Mérida 5101　　　　　VENEZUELA | Derecho y reforma agraria: revista | 2398468 |
| Universidad de los Andes<br>Museo Arqueológico<br><br>Av. 3 - Edificio del Rectorado<br><br>Mérida 5101 - Edo. Mérida　　　VENEZUELA | Boletín antropológico | 11480721 |
| Universidad de los Andes<br>Postgrado de Ciencias Políticas  (CEPSAL)<br><br>Apartado Postal no. 18<br><br>Mérida 5101-A　　　　VENEZUELA | Revista venezolana de ciencia<br>　política | 20241500 |
| Universidad de los Andes<br>Servicios Bibliotecarios Univ., Depto. Canje Centralizado<br><br>Edif. C  La hechicera<br><br>Mérida 5101　　　　　VENEZUELA | Revista geografica venezolana<br><br><br>Pittieria | 13501309<br><br>2449687 |

| INSTITUTION AND ADDRESS | PUBLICATIONS AND OCLC NO. | |
|---|---|---|
| Universidad de los Andes | Boletin estadístico | |
| Servicios Bibliotecarios Univ., Depto. Canje Centralizado | | 29584396 |
| Edificio Administrativo, 2º piso, Av. Don Tulio | Actual, Revista de la Dirección General de la | |
| | Universidad de los Andes | 2256944 |
| Mérida 5101         VENEZUELA | | |
| Universidad de Oriente | Geominas | |
| Biblioteca Central | | 1409699 |
| Apartado 245 | | |
| Cumana         VENEZUELA | | |
| Universidad de Oriente | Boletín del Instituto Oceanográfico | |
| Nucleo de Sucre, Instituto Oceanográfico | | 2097136 |
| Biblioteca - Apartado 94 | Cuadernos oceanográficos | |
| | | 1611984 |
| Cumana 6101         VENEZUELA | | |
| Universidad de Oriente | Boletín bibliográfico | |
| Nucleo de Sucre , Instituto Oceanográfico | | |
| Biblioteca - Apartado 94 | | |
| Cumana 6101         VENEZUELA | | |
| Universidad del Zulia | Revista de la Facultad de Agronomía | |
| Facultad  de Agronomia -Biblioteca "Ing, Agr. Hugo González Rincon" | | 2847778 |
| Apartado 526 | | |
| Maracaibo         VENEZUELA | | |
| Universidad del Zulia | Cuestiones políticas | |
| Facultad de Ciencias Juridicas y Politicas | | |
| Biblioteca Dr. Jesús Enrique Lossada | | |
| Apartado 526 Maracaibo, Edo. Zulia         VENEZUELA | | |

| INSTITUTION AND ADDRESS | PUBLICATIONS AND OCLC NO. |
|---|---|
| Universidad del Zulia<br>Facultad de Ciencias Juridicas y Politicas<br><br>Biblioteca Dr. Jesús Enrique Lossada<br>Apartado 526<br>Maracaibo, Edo. Zulia　　VENEZUELA | Capítulo criminológico<br>　　　2686922<br><br>Fronesis<br>　　　32472746 |
| Universidad del Zulia<br>Facultad de Humanidades y Educación- Centro de<br>Documentación y Investigación Pedagógica<br>Apartado 526<br><br>Maracaibo　　VENEZUELA | Revista de filosofía<br>　　　5111088 |
| Universidad del Zulia<br>Facultad de Humanidades y Educación- Comisión de<br>Publicaciones<br><br><br>Maracaibo　　VENEZUELA | Revista de literatura hispanoamericana<br>　　　1716222<br><br>Boletin del Centro de Investigaciones<br>Biologicas　　　2847759 |
| Universidad del Zulia<br>Facultad de Ingenieria<br><br>Apartado Postal 10.482<br><br>1002 A Maracaibo (Zulia)　　VENEZUELA | Revista Técnica de la Facultad Ingenieria<br>　　　10032759 |
| Universidad del Zulia<br>Facultad de Medicina  - Instituto de Investigación Clinica<br><br>Apartado Postal No. 1151<br><br>Maracaibo, Zulia　　VENEZUELA | Investigación Clínica<br>　　　1587878 |
| Universidad Metropolitana<br>Biblioteca Pedro Grases<br><br>Apartado 76819<br><br>Caracas 1070　　VENEZUELA | Interfundaciones<br><br>Eidos :revista semestral de la Asociación de Profesores<br>de la Universidad　　　17496243 |

| INSTITUTION AND ADDRESS | | PUBLICATIONS AND OCLC NO. |
|---|---|---|
| Universidad Metropolitana<br>Biblioteca Pedro Grases<br><br>Apartado 76819<br><br>Caracas, 1070 | VENEZUELA | Metrovoz |
| Universidad Metropolitana<br>Biblioteca Pedro Grases<br><br>Apartado 76819<br><br>Caracas 1070 | VENEZUELA | Revista Nobel ciencia y tecnología<br><br>Revista reflejo |
| Universidad Metropolitana<br>Biblioteca Pedro Grases<br><br>Apartado 76819<br><br>Caracas, 1070 | VENEZUELA | Revista Criterión      28238073<br><br>Noticias |
| Universidad Metropolitana<br>Biblioteca Pedro Grases<br><br>Apartado 76819<br><br>Caracas, 1070 | VENEZUELA | Noti seguridad<br><br>Impulso ingeniería |
| Universidad Nacional Abierta<br>Instituto de Investigaciones Educativas<br><br>Avda. Gamboa No. 18 piso 3, San Bernardino<br><br>Caracas 1010 | VENEZUELA | Informe de investigaciones educativas      18514020 |
| Universidad Nacional Experimental<br> de los Llanos Occidentales<br><br>Ezequiel Zamora<br><br>Mesa de Cavacas, Edo. | VENEZUELA | Biollania      13076994 |

| INSTITUTION AND ADDRESS | PUBLICATIONS AND OCLC NO. |
|---|---|
| Universidad Nacional Experimental<br> Simón Rodríguez Biblioteca<br><br>Calle 5 entre 7 y 8 Edf. El Caney, Apdo Postal 3690<br><br>Caracas 1010      VENEZUELA | Revista |
| Universidad Simón Bolívar<br>División de Ciencias Sociales y Humanidades<br><br>Apartado 80.659<br><br>Caracas 1080-A      VENEZUELA | Argos<br>                              7355899<br><br>Desarrollo indoamericano |
| Universidad Simón Bolívar - Centro de Documentación<br>Instituto de Investigación - Historicas Bolivarium<br><br>Ed. Bosico II, Piso 1, Of. 108, Valle de Sartenejas<br><br>Caracas 1080-A      VENEZUELA | Anuario de estudios bolivarianos<br>                           29557676 |